U0094154

智能网联汽车底盘线控系统 装调与检修

（附任务工单）

主　编	李东兵	杨连福	
副主编	李妙然	裴荣鹏	田介春
参　编	陈　正	郭三华	陶　忠	宋汉超
	薛　明	宋美娴	王高见	尹官旭
	李　崇	郭雯雯	王新童	郑　威
	张　睿	马　泽	马磊娟	曹　源
	陆　旭			

机械工业出版社
CHINA MACHINE PRESS

《智能网联汽车底盘线控系统装调与检修》紧密结合当前智能网联汽车底盘线控技术及其应用的发展，循序渐进、深入浅出地阐述了底盘线控系统这个复杂的技术体系，首先进行底盘线控系统认知，然后分别介绍线控转向、线控制动、线控驱动、线控悬架系统的结构、工作原理、特点等，并为其中的线控转向、线控制动、线控驱动这三个线控系统安排了实训任务，包括组装、拆装、调试以及故障检修。

本教材可作为职业院校、技工院校及应用型本科智能网联汽车相关专业的教材，也可作为相关机构、企业进行技术培训的参考资料。

为方便各院校开展一体化教学和信息化教学，本教材配套开发了教学课件、任务工单、微课等丰富的教学资源，教师可登录机械工业出版社教育服务网（www.cmpedu.com）注册后免费下载。

图书在版编目（CIP）数据

智能网联汽车底盘线控系统装调与检修：附任务工单 / 李东兵，杨连福主编. —北京：机械工业出版社，2021.10
高职高专智能网联汽车技术专业系列教材
ISBN 978-7-111-69328-4

Ⅰ.①智… Ⅱ.①李… ②杨… Ⅲ.①汽车-底盘-车辆检修-高等职业教育-教材　Ⅳ.①U472.41

中国版本图书馆CIP数据核字（2021）第205222号

机械工业出版社（北京市百万庄大街22号　邮政编码100037）
策划编辑：丁　锋　　责任编辑：丁　锋
责任校对：李　杉　　封面设计：马精明
责任印制：常天培
北京宝隆世纪印刷有限公司印刷

2021年11月第1版第1次印刷
184mm×260mm·14.5印张·323千字
0001—3000册
标准书号：ISBN 978-7-111-69328-4
定价：59.90元

电话服务　　　　　　网络服务
客服电话：010-88361066　机　工　官　网：www.cmpbook.com
　　　　　010-88379833　机　工　官　博：weibo.com/cmp1952
　　　　　010-68326294　金　书　网：www.golden-book.com
封底无防伪标均为盗版　机工教育服务网：www.cmpedu.com

前言
Preface

当今世界正在经历百年未有之大变局，新一轮科技革命和产业变革方兴未艾，智能网联汽车已成为全球汽车产业发展的战略方向，同时发展智能网联汽车对我国具有重要的战略意义，发展智能网联汽车有利于提升产业基础能力，突破关键技术瓶颈，增强新一轮科技革命和产业变革引领能力，培育产业发展新优势；有利于加速汽车产业转型升级，培育数字经济，壮大经济增长新动能；有利于加快制造强国、科技强国、网络强国、交通强国、数字中国、智慧社会的建设，增强新时代国家综合实力；有利于保障生命安全，提高交通效率，促进节能减排，增进人民福祉。

智能网联汽车作为汽车产业转型升级的重要方向。无论是从汽车产业发展，还是从国家战略安全角度来看，发展智能网联汽车已成必然选择。因此，《新能源汽车产业发展规划（2021—2035年）》《节能与新能源汽车技术路线图2.0》等重要的政策和规划都明确提出，中国要实现智能电动汽车核心技术及其产业链的自主可控。其中，底盘线控技术被列入智能电动汽车核心技术攻关工程，自动驾驶控制执行层主要依赖于底盘线控技术，实现车辆的自动转向、自动制动、自动驱动等。底盘线控技术是在控制单元和执行器之间用电子装置取代传统的机械连接装置或液压连接装置，由电信号取代机械传动部件，取消了机械结构，赋予汽车设计新的空间。

要实现技术的突破，人才培养是关键。目前，智能网联汽车人才需求缺口大，人才培养滞后，不能满足智能网联汽车发展的需要，因此需要先通过教育、教学培养人才。教育应服务于市场，领先于市场，为促进我国智能网联汽车产业与智能网联汽车相关专业的教育、教学健康发展，为适应新形势下的教学需求，为使高校智能汽车相关专业学生、智能汽车行业从业人员，能全面、系统地理解底盘线控系统的工作原理，掌握底盘线控系统的装配、调试、故障检修等技能，北京和绪科技有限公司携手业内课程研发专家与教育专家、学者，共同编写了本教材。本教材配有实训任务和任务工单，能够为后续课程打下坚实的基础。本教材的出版有利于推动我国智能网联汽车领域发展与职业人才培养，完善目前教学的不足之处，对职业院校的教学展开与专业化体系的建设提供有力支持。本教材具有以下特点。

（1）工作任务驱动。本教材体现了工作任务驱动的职业教育核心理念，所有任务配有技能实训"工作页"，可以让学生在学习理论知识的同时，进行实际的工作任务训练，在完成工作任务的过程中学习相关知识，加强感性认识，具有较强的针对性和可操作性。

（2）情境导入设计。本教材所有任务都设计了一个情境导入，可加强课程趣味性，提高学生的学习兴趣，且通过对现实生活中实际情况的模拟，可增强学生的参与感，完成优质、高效的任务学习。

（3）教学资源配套丰富。除纸质教材外，还配有视频、动画、课件等数字化资源，图、文、链接相结合，方便教师教学和学生学习。本书的关键知识点配套二维码，学生可通过手机扫描二维码的方式，观看视频、动画等学习资源。

（4）知识先进性突出。本教材放弃了与传统汽车底盘相关知识的介绍，着重针对智能网联汽车底盘线控知识进行讲解。

本书由长春汽车工业高等专科学校李东兵、大连职业技术学院杨连福任主编，北京和绪科技有限公司李妙然、辽宁装备制造职业技术学院裒荣鹏、青海交通职业技术学院田介春任副主编。其中，项目1由李东兵编写，项目2由杨连福编写，项目3由李妙然编写，项目4由裒荣鹏编写，项目5由田介春编写。参与编写的还有陈正、郭三华、陶忠、宋汉超、薛明、宋美娴、王高见、尹官旭、李崇、郭雯雯、王新童、郑威、张睿、马泽、马磊娟、曹源、陆旭。

在本书编写过程中，我们得到了同行的热情支持，并参考查阅了许多专家学者在国内外公开出版或发表的文献资料。与本书配套的视频、动画、课件等信息化教学资源均由北京和绪科技有限公司开发制作，另外该公司也为编者提供了丰富的参考资料，在此向文献资料作者和北京和绪科技有限公司一并表示感谢。

由于智能网联汽车技术尚处于发展阶段，且编者水平有限，疏漏之处在所难免，恳请广大读者提出宝贵的意见和建议。

编　者

高职高专智能网联汽车技术专业系列教材

智能网联汽车底盘线控系统装调与检修任务工单

主　编	李东兵	杨连福	
副主编	李妙然	裴荣鹏	田介春
参　编	陈　正	郭三华	陶　忠　宋汉超
	薛　明	宋美娴	王高见　尹官旭
	李　崇	郭雯雯	王新童　郑　威
	张　睿	马　泽	马磊娟　曹　源
	陆　旭		

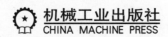

机械工业出版社
CHINA MACHINE PRESS

"智能网联汽车底盘线控系统装调与检修"课程配备有任务工单，以满足在实训过程中学生可以手持工单，充分了解课堂需要掌握的内容，教师将学生分组，轮流实训，实训内容完成一项，则在工单上进行记录，这样不但便于教师检查学生实训情况，还能确保学生严格按照工单完成实训内容，有利于学生技术学习的巩固与提升。任务工单的主要目的在于规范学生操作流程，实现教学设备的科学、合理应用，从而帮助学生实现实践技能。任务工单能够让学生分工明确，流程简明，主动学习，增强学生学习实训的效率，实现技能水平的大幅提升。

智能网联汽车底盘线控系统装配与检修教材实训任务主要分为四类：生产装配、整车拆装、测试调试、故障检测，其中生产装配、测试调试、故障检测，以智能网联汽车底盘线控实验实训台（图1）为载体，开展针对线控转向、线控制动、线控驱动，完成工作原理认知、通信及协议认知、装配调试与故障检测等理实一体化教学。同时，整车拆装任务以智能网联教学车（图2）为载体，开展针对线控转向、线控制动、线控驱动进行乘用车（量产车）整车拆装，以达到企业岗位能力标准需求，从而深度培养应用型、定制型、复合型人才。

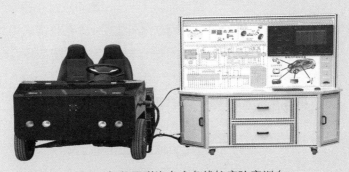

图 1　智能网联汽车底盘线控实验实训台

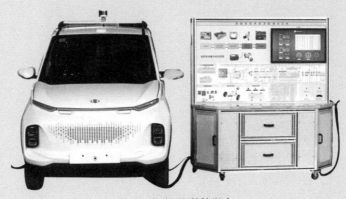

图 2　智能网联教学车

目 录
Contents

项 目 1 智能网联汽车底盘线控系统认知

任务 底盘线控系统结构认知

任务名称	底盘线控系统结构认知	姓　　名		班　　级	
实训设备		实训场地		课　　时	
组　　号		日　　期		成　　绩	
任务描述	能够认识底盘线控系统的结构				

1. 任务准备

准备项目	准备内容
场地准备	小组使用实习场地一块、对应组员人数数量的课桌椅、黑板一块
教具/文具	便利贴、签字笔
设备准备	底盘线控系统测试装调实验实训台
资料准备	教学课件、维修资料、视频教学资料、网络教学资源

2. 任务实施

请将下面部件/零件池中的线控转向系统、线控驱动系统、线控制动系统的零部件名称写在便利贴上，并对应粘贴在整车的零部件上。

部件/零件池	
线控转向系统	转向盘总成、转向器、转向助力电机、转向控制单元
线控驱动系统	驱动电机、驱动电机控制器、动力电池、加速踏板
线控制动系统	制动控制单元、制动助力电机、轮速传感器、制动踏板

（续）

3. 任务评价

（1）完成实训过程中要求填写的内容，并请对实训的结果进行检查，做出下列表格中的评价。

评价指标		组内自评	组间互评	教师评价
方法能力社会能力（40%）	工作态度（8分）			
	工作纪律（8分）			
	操作规范（8分）			
	工作环境（8分）			
	团队协作（8分）			
专业能力（60%）	任务准备（10分）			
	实施步骤（40分）			
	完成结果（5分）			
	任务工单（5分）			
最终得分（30%组内自评、30%组间互评、40%教师评价）				

（2）学生汇报总结记录：

_____

_____

_____

_____

_____

_____

_____

（3）老师点评记录：

_____

_____

_____

_____

_____

_____

_____

智能网联汽车线控转向系统装调与检修

2.1.1 线控转向系统生产装配

任务名称	线控转向系统生产装配	姓　　名		班　　级	
实训设备		实训场地		课　　时	
组　　号		日　　期		成　　绩	
任务描述	能独立对线控转向系统部件进行生产装配				

1. 任务准备

准备项目	准备内容
场地准备	小组使用实习场地一块、对应数量的课桌椅、黑板一块
工量具/仪器	常用拆装工具套装、螺钉旋具套装、小螺钉旋具套装
设备准备	底盘线控系统测试装调实验实训台
资料准备	教学课件；维修资料；视频教学资料；网络教学资源

2. 任务实施

请参照教材线控转向系统生产装配任务实施操作步骤，进行技能训练，并将实施结果填写在下表中。

实施结果			
组装下列部件	是否完成	遇到的问题	如何解决的
传动蜗杆	□是　　□否		
转矩转角传感器	□是　　□否		
助力转向电机	□是　　□否		
转向控制器电路板	□是　　□否		
转向控制器上下壳体	□是　　□否		

3. 任务评价

（1）完成实训过程中要求填写的内容，并请对实训的结果进行检查，做出下列表格中的评价。

评价指标		组内自评	组间互评	教师评价
方法能力社会能力（40%）	工作态度（8分）			
	工作纪律（8分）			
	操作规范（8分）			
	工作环境（8分）			
	团队协作（8分）			
专业能力（60%）	任务准备（10分）			
	实施步骤（40分）			
	完成结果（5分）			
	任务工单（5分）			
最终得分（30% 组内自评、30% 组间互评、40% 教师评价）				

（2）学生汇报总结记录：

（3）老师点评记录：

2.1.2　线控转向系统整车拆装

任务名称	线控转向系统整车拆装	姓　　名		班　　级	
实训设备		实训场地		课　　时	
组　　号		日　　期		成　　绩	
任务描述	能独立对线控转向系统进行整车拆装				

1. 任务准备

准备项目	准备内容
场地准备	小组使用实习场地一块、对应组员人数数量的课桌椅、黑板一块
工量具 / 仪器	常用拆装工具套装、螺钉旋具套装、球头拆卸器、钳子、锤子、轮胎拆装工具等
设备准备	智能网联教学车
资料准备	教学课件、维修资料、视频教学资料、网络教学资源

2. 任务实施

请参照教材线控转向系统整车拆装任务实施操作步骤，进行技能训练，并将实施结果填写在下表中。

拆卸实施结果

拆卸下列部件	是否完成		遇到的问题	如何解决的
蓄电池	□是	□否		
安全气囊	□是	□否		
转向盘	□是	□否		
安全气囊螺旋电缆	□是	□否		
刮水器与灯光组合开关	□是	□否		
起动钥匙开关总成	□是	□否		
转向控制器	□是	□否		
助力转向电机	□是	□否		
转向万向传动轴	□是	□否		
轮胎	□是	□否		
横拉杆球头	□是	□否		
转向器	□是	□否		

（续）

安装实施结果

安装下列部件	是否完成		遇到的问题	如何解决的
转向器	□是	□否		
横拉杆球头	□是	□否		
轮胎	□是	□否		
转向万向传动轴	□是	□否		
助力转向电机	□是	□否		
转向控制器	□是	□否		
起动钥匙开关总成	□是	□否		
刮水器与灯光组合开关	□是	□否		
安全气囊螺旋电缆	□是	□否		
转向盘	□是	□否		
安全气囊	□是	□否		
蓄电池	□是	□否		

3. 任务评价

（1）完成实训过程中要求填写的内容，并请对实训的结果进行检查，做出下列表格中的评价。

评价指标		组内自评	组间互评	教师评价
方法能力社会能力（40%）	工作态度（8分）			
	工作纪律（8分）			
	操作规范（8分）			
	工作环境（8分）			
	团队协作（8分）			
专业能力（60%）	任务准备（10分）			
	实施步骤（40分）			
	完成结果（5分）			
	任务工单（5分）			
最终得分（30%组内自评、30%组间互评、40%教师评价）				

（2）学生汇报总结记录：

_____

_____

_____

_____

_____

_____

（3）老师点评记录：

_____

_____

_____

_____

_____

_____

任务二　智能网联汽车线控转向系统调试

2.2.1　线控转向系统调试

任务名称	线控转向系统调试	姓　　名		班　　级	
实训设备		实训场地		课　　时	
组　　号		日　　期		成　　绩	
任务描述	能独立对线控转向系统进行调试				

1.任务准备

准备项目	准备内容
场地准备	小组使用实习场地一块、对应数量的课桌椅、黑板一块
工量具/仪器	CAN 总线分析仪、调试电脑
设备准备	底盘线控系统测试装调实验实训台
资料准备	教学课件；维修资料；视频教学资料；网络教学资源

2.任务实施

（1）请在实验实训台调试软件中发送下表中报文，并将线控转向系统的实施结果填入下表。

发送报文	ID：0x314	数据：0160FF0000000000
实施结果		
	转向系统中点	□车轮是否正向前方
		□转向盘是否摆正
		□旋转转向盘至左右极限位置是否正常
	转向盘顺时针旋转 160°	□正常 □不正常
	转向盘逆时针旋转 160°	□正常 □不正常

（2）请参照教材，在下表空缺位置填写完整报文数据。

实训作业（举一反三）

发送	接收	要求	ID	填写完整报文数据
VCU	EPS-ECU	设置当前位置为转向系统中点	0x314	00000000000000
VCU	EPS-ECU	转向盘顺时针旋转 400°	0x314	010000000000
VCU	EPS-ECU	转向盘逆时针旋转 400°	0x314	010000000000

3. 任务评价

（1）完成实训过程中要求填写的内容，并请对实训的结果进行检查，做出下列表格中的评价。

评价指标		组内自评	组间互评	教师评价
方法能力社会能力（40%）	工作态度（8分）			
	工作纪律（8分）			
	操作规范（8分）			
	工作环境（8分）			
	团队协作（8分）			
专业能力（60%）	任务准备（10分）			
	实施步骤（40分）			
	完成结果（5分）			
	任务工单（5分）			
最终得分（30%组内自评、30%组间互评、40%教师评价）				

（2）学生汇报总结记录：

_____

_____

_____ ✐

（3）老师点评记录：

_____

_____

_____ ✐

任务三　智能网联汽车线控转向系统故障检修

2.3.1　线控转向系统供电电源故障检修

任务名称	线控转向系统供电电源故障检修	姓　　名		班　　级	
实训设备		实训场地		课　　时	
组　　号		日　　期		成　　绩	
任务描述	能独立对线控转向系统进行故障检修				

1. 任务准备

准备项目	准备内容
场地准备	小组使用实习场地一块、对应数量的课桌椅、黑板一块
工量具 / 仪器	数字万用表
设备准备	底盘线控系统测试装调实验实训台
资料准备	教学课件；维修资料；视频教学资料；网络教学资源

2. 任务实施

请参照教材线控转向系统供电电源故障检修任务实施操作步骤，进行技能训练，并将实施结果填写在下表中。

诊断检测	测量数值	标准数值
测量 EPS-ECU 供电插头搭铁 T2/2 号针脚和搭铁间通断		<1Ω 或有蜂鸣
测量 EPS-ECU 的 T8/4 号针脚与 T2/2 号针脚之间电压		12V 左右
测量熔丝 F19 插座端的电压		12V 左右
测量熔丝 F19 导通状态		<1Ω 或有蜂鸣
测量 F19 熔丝至 EPS-ECU 的 T8/4 之间导通状态		<1Ω 或无蜂鸣

3. 任务评价

（1）完成实训过程中要求填写的内容，并请对实训的结果进行检查，做出下列表格中的评价。

评价指标		组内自评	组间互评	教师评价
方法能力社会能力（40%）	工作态度（8分）			
	工作纪律（8分）			
	操作规范（8分）			
	工作环境（8分）			
	团队协作（8分）			
专业能力（60%）	任务准备（10分）			
	实施步骤（40分）			
	完成结果（5分）			
	任务工单（5分）			
最终得分（30% 组内自评、30% 组间互评、40% 教师评价）				

（2）学生汇报总结记录：

_____

_____

_____

（3）老师点评记录：

_____

_____

_____

_____

2.3.2 线控转向系统 CAN 通信故障检修

任务名称	线控转向系统 CAN 通信故障检修	姓　名		班　级	
实训设备		实训场地		课　时	
组　号		日　期		成　绩	
任务描述	能独立对线控转向系统进行故障检修				

1. 任务准备

准备项目	准备内容
场地准备	小组使用实习场地一块、对应数量的课桌椅、黑板一块
工量具 / 仪器	数字万用表、示波器
设备准备	底盘线控系统测试装调实验实训台
资料准备	教学课件；维修资料；视频教学资料；网络教学资源

2. 任务实施

请参照教材线控转向系统 CAN 通信故障检修任务实施操作步骤，进行技能训练，并将实施结果填写在下表中。

诊断检测	测量数值	标准数值
万用表测量 EPS-ECU 的 T8/4 号针脚与 T2/2 号针脚之间电压		12V 左右
万用表测量熔丝 F19 导通状态		<1Ω 或有蜂鸣
万用表测量 EPS-ECU 的 CAN-H T8/8 号针脚信号电压		2.6V 左右
万用表测量 EPS-ECU 的 CAN-L T8/3 号针脚信号电压		2.4V 左右

3. 任务评价

（1）完成实训过程中要求填写的内容，并请对实训的结果进行检查，做出下列表格中的评价。

评价指标		组内自评	组间互评	教师评价
方法能力社会能力（40%）	工作态度（8分）			
	工作纪律（8分）			
	操作规范（8分）			
	工作环境（8分）			
	团队协作（8分）			
专业能力（60%）	任务准备（10分）			
	实施步骤（40分）			
	完成结果（5分）			
	任务工单（5分）			
最终得分（30% 组内自评、30% 组间互评、40% 教师评价）				

（2）学生汇报总结记录：

_____

_____

_____

_____

（3）老师点评记录：

_____

_____

_____

_____

2.3.3 线控转向系统转矩转向传感器故障检修

任务名称	线控转向系统转矩转向传感器故障检修	姓　　名		班　　级	
实训设备		实训场地		课　　时	
组　　号		日　　期		成　　绩	
任务描述	能独立对线控转向系统进行故障检修				

1. 任务准备

准备项目	准备内容
场地准备	小组使用实习场地一块、对应数量的课桌椅、黑板一块
工量具准备	数字万用表
设备准备	底盘线控系统测试装调实验实训台
资料准备	教学课件；维修资料；视频教学资料；网络教学资源

2. 任务实施

请参照教材线控转向系统转矩转向传感器故障检修任务实施操作步骤，进行技能训练，并将实施结果填写在下表中。

诊断检测	测量数值	标准数值
测量 EPS-ECU 传感器插头（背部）T8/1 针脚与 T8/2 号针脚之间电压		5V 左右
测量 EPS-ECU 传感器插头（背部）T8/5 号针脚与 T8/6 号针脚之间电压		5V 左右
测量 EPS-ECU 传感器插头（背部）T8/3 号针脚与搭铁之间电压		0~5V 之间变化
测量 EPS-ECU 传感器插头（背部）T8/4 号针脚与搭铁之间电压		0~5V 之间变化
测量 EPS-ECU 传感器插头（背部）T8/7 号针脚与搭铁之间电压		0~5V 之间变化
测量 EPS-ECU 传感器插头（背部）T8/8 号针脚与搭铁之间电压		0~5V 之间变化

3. 任务评价

（1）完成实训过程中要求填写的内容，并请对实训的结果进行检查，做出下列表格中的评价。

评价指标		组内自评	组间互评	教师评价
方法能力社会能力（40%）	工作态度（8分）			
	工作纪律（8分）			
	操作规范（8分）			
	工作环境（8分）			
	团队协作（8分）			
专业能力（60%）	任务准备（10分）			
	实施步骤（40分）			
	完成结果（5分）			
	任务工单（5分）			
最终得分（30% 组内自评、30% 组间互评、40% 教师评价）				

智能网联汽车底盘线控系统装调与检修（任务工单）

（2）学生汇报总结记录：

_____

_____

_____

_____

_____

_____

（3）老师点评记录：

_____

_____

_____

_____

_____

_____

项 目 3

智能网联汽车线控制动系统装调与检修

3.1.1 线控制动系统生产装配

任务名称	线控制动系统生产装配	姓　名		班　级	
实训设备		实训场地		课　时	
组　号		日　期		成　绩	
任务描述	能独立对线控制动系统部件进行生产装配				

1. 任务准备

准备项目	准备内容
场地准备	小组使用实习场地一块、对应数量的课桌椅、黑板一块
工量具 / 仪器	常用拆装工具套装、橡胶锤、卡簧钳、螺钉旋具套装
设备准备	底盘线控系统测试装调实验实训台
资料准备	教学课件；维修资料；视频教学资料；网络教学资源

2. 任务实施

请参照教材线控制动系统生产装配任务实施操作步骤，进行技能训练，并将实施结果填写在下表中。

实施结果			
组装下列部件	是否完成	遇到的问题	如何解决的
制动助力电机控制器电路板	□是　　□否		
制动助力电机	□是　　□否		
制动推杆	□是　　□否		
制动旋变编码器	□是　　□否		
复位弹簧及弹簧锁片	□是　　□否		
弹簧防尘套及锁扣	□是　　□否		
驱动制动旋变编码器的蜗轮轴	□是　　□否		
驱动助力器阀体移动的蜗轮轴	□是　　□否		
制动旋变编码器	□是　　□否		
制动主缸总成	□是　　□否		

3. 任务评价

（1）完成实训过程中要求填写的内容，并请对实训的结果进行检查，做出下列表格中的评价。

评价指标		组内自评	组间互评	教师评价
方法能力社会能力（40%）	工作态度（8分）			
	工作纪律（8分）			
	操作规范（8分）			
	工作环境（8分）			
	团队协作（8分）			
专业能力（60%）	任务准备（10分）			
	实施步骤（40分）			
	完成结果（5分）			
	任务工单（5分）			
最终得分（30%组内自评、30%组间互评、40%教师评价）				

（2）学生汇报总结记录：

（3）老师点评记录：

3.1.2 线控制动系统整车拆装

任务名称	线控制动系统整车拆装	姓　　名		班　　级	
实训设备		实训场地		课　　时	
组　　号		日　　期		成　　绩	
任务描述	能独立对线控制动系统进行整车拆装				

1. 任务准备

准备项目	准备内容
场地准备	小组使用实习场地一块、对应数量的课桌椅、黑板一块
工量具 / 仪器	常用拆装工具套装、螺钉旋具套装、钳子、轮胎拆装工具
设备准备	智能网联教学车
资料准备	教学课件；维修资料；视频教学资料；网络教学资源

2. 任务实施

请参照教材线控制动系统整车拆装任务实施操作步骤，进行技能训练，并将实施结果填写在下表中。

拆卸实施结果

拆卸下列部件	是否完成		遇到的问题	如何解决的
轮胎	□是	□否		
制动轮缸油管	□是	□否		
制动钳及活塞总成	□是	□否		
制动钳支架	□是	□否		
线控制动器总成上的插接器	□是	□否		
线控制动器总成	□是	□否		
制动踏板	□是	□否		

安装实施结果

安装下列部件	是否完成		遇到的问题	如何解决的
制动踏板	□是	□否		
线控制动器总成	□是	□否		
线控制动器总成上的插接器	□是	□否		
制动钳支架	□是	□否		
制动钳及活塞总成	□是	□否		
制动轮缸油管	□是	□否		
轮胎	□是	□否		

3. 任务评价

（1）完成实训过程中要求填写的内容，并请对实训的结果进行检查，做出下列表格中的评价。

评价指标		组内自评	组间互评	教师评价
方法能力社会能力（40%）	工作态度（8分）			
	工作纪律（8分）			
	操作规范（8分）			
	工作环境（8分）			
	团队协作（8分）			

（续）

评价指标		组内自评	组间互评	教师评价
专业能力（60%）	任务准备（10分）			
	实施步骤（40分）			
	完成结果（5分）			
	任务工单（5分）			
最终得分（30%组内自评、30%组间互评、40%教师评价）				

（2）学生汇报总结记录：

_____

_____

_____

_____

_____

_____

_____

（3）老师点评记录：

_____

_____

_____

_____

_____

_____

任务二　智能网联汽车线控制动系统调试

3.2.1　线控制动系统调试

任务名称	线控制动系统调试	姓　　名		班　　级	
实训设备		实训场地		课　　时	
组　　号		日　　期		成　　绩	
任务描述	能独立对线控制动系统进行调试				

1. 任务准备

准备项目	准备内容
场地准备	小组使用实习场地一块、对应数量的课桌椅、黑板一块
工量具/仪器	CAN 总线分析仪、调试电脑
设备准备	底盘线控系统测试装调实验实训台
资料准备	教学课件；维修资料；视频教学资料；网络教学资源

2. 任务实施

（1）请在实验实训台调试软件中发送下表中报文，并将线控转向系统的实施结果填入下表。

发送报文	ID：0x364	数据：78E100D400000000

实施结果		
	制动效果	☐快速制动
		☐中速制动
		☐慢速制动
		☐制动未生效

（2）请参照教材，在下表空缺位置填写完整报文数据。

实训作业（举一反三）

发送	接收	要求	ID	填写完整报文数据
VCU	EHB-ECU	设置请求制动压力行程点 100	0x364	E100D400000000
VCU	EHB-ECU	设置请求制动压力行程点 50	0x364	E100D400000000
VCU	EHB-ECU	设置请求制动压力行程点 10	0x364	E100D400000000

3. 任务评价

（1）完成实训过程中要求填写的内容，并请对实训的结果进行检查，做出下列表格中的评价。

评价指标		组内自评	组间互评	教师评价
方法能力社会能力（40%）	工作态度（8分）			
	工作纪律（8分）			
	操作规范（8分）			
	工作环境（8分）			
	团队协作（8分）			
专业能力（60%）	任务准备（10分）			
	实施步骤（40分）			
	完成结果（5分）			
	任务工单（5分）			
最终得分（30% 组内自评、30% 组间互评、40% 教师评价）				

（2）学生汇报总结记录：

_____

_____

_____

（3）老师点评记录：

_____

_____

_____

任务三　智能网联汽车线控制动系统故障检修

3.3.1　线控制动系统供电电源故障检修

任务名称	线控制动系统供电电源故障检修	姓　　名		班　　级	
实训设备		实训场地		课　　时	
组　　号		日　　期		成　　绩	
任务描述	能独立对线控制动系统进行故障检修				

1. 任务准备

准备项目	准备内容
场地准备	小组使用实习场地一块、对应数量的课桌椅、黑板一块
工量具 / 仪器	数字万用表
设备准备	底盘线控系统测试装调实验实训台
资料准备	教学课件；维修资料；视频教学资料；网络教学资源

2. 任务实施

请参照教材线控制动系统供电电源故障检修任务实施操作步骤，进行技能训练，并将实施结果填写在下表中。

诊断检测	测量数值	标准数值
测量 EHB-ECU 插头搭铁 T24/17/19 号针脚和搭铁之间导通状态		<1Ω 或有蜂鸣
测量 EHB-ECU 的 T24/17 号针脚与 T24/6 号针脚之间电压		12V 左右
测量熔丝 F19 插座端的电压		12V 左右
测量熔丝 F19 导通状态		<1Ω 或有蜂鸣
测量 F19 熔丝至 EHB-ECU 的 T24/6 之间导通状态		<1Ω 或无蜂鸣

3.任务评价

（1）完成实训过程中要求填写的内容，并请对实训的结果进行检查，做出下列表格中的评价。

评价指标		组内自评	组间互评	教师评价
方法能力社会能力（40%）	工作态度（8分）			
	工作纪律（8分）			
	操作规范（8分）			
	工作环境（8分）			
	团队协作（8分）			
专业能力（60%）	任务准备（10分）			
	实施步骤（40分）			
	完成结果（5分）			
	任务工单（5分）			
最终得分（30% 组内自评、30% 组间互评、40% 教师评价）				

（2）学生汇报总结记录：

_____

_____

_____

_____

_____

_____

_____

（3）老师点评记录：

_____

_____

_____

_____

_____

_____

3.3.2 线控制动系统 CAN 通信故障检修

任务名称	线控制动系统 CAN 通信故障检修	姓　　名		班　　级	
实训设备		实训场地		课　　时	
组　　号		日　　期		成　　绩	
任务描述	能独立对线控制动系统进行故障检修				

1. 任务准备

准备项目	准备内容
场地准备	小组使用实习场地一块、对应数量的课桌椅、黑板一块
工量具 / 仪器	数字万用表、示波器
设备准备	底盘线控系统测试装调实验实训台
资料准备	教学课件；维修资料；视频教学资料；网络教学资源

2. 任务实施

请参照教材线控制动系统 CAN 通信故障检修任务实施操作步骤，进行技能训练，并将实施结果填写在下表中。

诊断检测	测量数值	标准数值
万用表测量 EHB-ECU 的 T24/17 号针脚与 T24/6 号针脚之间电压		12V 左右
万用表测量熔丝 F19 导通状态		<1Ω 或有蜂鸣声
万用表测量 EHB-ECU 的 CAN-H T24/4 号针脚信号电压		2.6V 左右
万用表测量 EHB-ECU 的 CAN-L T24/3 号针脚信号电压		2.4V 左右

3. 任务评价

（1）完成实训过程中要求填写的内容，并请对实训的结果进行检查，做出下列表格中的评价。

评价指标		组内自评	组间互评	教师评价
方法能力社会能力（40%）	工作态度（8分）			
	工作纪律（8分）			
	操作规范（8分）			
	工作环境（8分）			
	团队协作（8分）			
专业能力（60%）	任务准备（10分）			
	实施步骤（40分）			
	完成结果（5分）			
	任务工单（5分）			
最终得分（30% 组内自评、30% 组间互评、40% 教师评价）				

（2）学生汇报总结记录：

_____

_____

_____

_____

（3）老师点评记录：

_____

_____

_____

_____

3.3.3　线控制动旋变编码器故障检修

任务名称	线控制动旋变编码器故障检修	姓　　名		班　　级	
实训设备		实训场地		课　　时	
组　　号		日　　期		成　　绩	
任务描述	能独立对线控制动系统进行故障检修				

1. 任务准备

准备项目	准备内容
场地准备	小组使用实习场地一块、对应数量的课桌椅、黑板一块
工量具/仪器	数字万用表
设备准备	底盘线控系统测试装调实验实训台
资料准备	教学课件；维修资料；视频教学资料；网络教学资源

2. 任务实施

请参照教材线控制动旋变编码器故障检修任务实施操作步骤，进行技能训练，并将实施结果填写在下表中。

诊断检测	测量数值	标准数值
测量制动旋变编码器插头（背部）搭铁 T4/1 针脚和搭铁间导通状态		<1Ω 或有蜂鸣
测量制动旋变编码器插头（背部）搭铁 T4/1 针脚与供电 T4/4 之间电压		5V 左右
测量制动旋变编码器插头（背部）搭铁 T4/1 针脚与信号 T4/2 之间电压		1.48V 左右
测量制动旋变编码器插头（背部）搭铁 T4/1 针脚与信号 T4/3 之间电压		3.5V 左右
测量 EHB-ECU 插头 T24/14 和制动旋变编码器插头 T4/1 针脚之间线束导通状态		<1Ω 或有蜂鸣
测量 EHB-ECU 插头 T24/22 和制动旋变编码器插头 T4/2 针脚之间线束导通状态		<1Ω 或有蜂鸣
测量 EHB-ECU 插头 T24/21 和制动旋变编码器插头 T4/3 针脚之间线束导通状态		<1Ω 或有蜂鸣
测量 EHB-ECU 插头 T24/5 和制动旋变编码器插头 T4/4 针脚之间线束导通状态		<1Ω 或有蜂鸣
测量制动旋变编码器本体 T4/1 和 T4/2 间电阻		47Ω 左右
测量制动旋变编码器本体 T4/1 和 T4/3 间电阻		47Ω 左右
测量制动旋变编码器本体 T4/1 和 T4/4 间电阻		6.3Ω 左右

3. 任务评价

（1）完成实训过程中要求填写的内容，并请对实训的结果进行检查，做出下列表格中的评价。

评价指标		组内自评	组间互评	教师评价
方法能力社会能力（40%）	工作态度（8分）			
	工作纪律（8分）			
	操作规范（8分）			
	工作环境（8分）			
	团队协作（8分）			
专业能力（60%）	任务准备（10分）			
	实施步骤（40分）			
	完成结果（5分）			
	任务工单（5分）			
最终得分（30%组内自评、30%组间互评、40%教师评价）				

（2）学生汇报总结记录：

_____

_____

_____

_____

_____

（3）老师点评记录：

_____

_____

_____

_____

_____

项目 4

智能网联汽车线控驱动系统装调与检修

4.1.1 线控驱动系统生产装配

任务名称	线控驱动系统生产装配	姓　名		班　级	
实训设备		实训场地		课　时	
组　号		日　期		成　绩	
任务描述	能独立对线控驱动系统部件进行生产装配				

1. 任务准备

准备项目	准备内容
场地准备	小组使用实习场地一块、对应数量的课桌椅、黑板一块
工量具/仪器	常用拆装工具套装、橡胶锤、卡簧钳、螺钉旋具套装
设备准备	底盘线控系统测试装调实验实训台
资料准备	教学课件；维修资料；视频教学资料；网络教学资源

2. 任务实施

请参照教材线控驱动系统生产装配任务实施操作步骤，进行技能训练，并将实施结果填写在下表中。

实施结果			
组装下列部件	是否完成	遇到的问题	如何解决的
滑动拨叉	□是　　□否		
加速踏板位置传感器	□是　　□否		
整车控制器电路板	□是　　□否		
整车控制器上下壳体	□是　　□否		
IGBT 电路板	□是　　□否		
U/V/W 输出接线柱	□是　　□否		
主控制电路板	□是　　□否		
电机控制器端盖	□是　　□否		

3. 任务评价

（1）完成实训过程中要求填写的内容，并请对实训的结果进行检查，做出下列表格中的评价。

评价指标		组内自评	组间互评	教师评价
方法能力社会能力（40%）	工作态度（8分）			
	工作纪律（8分）			
	操作规范（8分）			
	工作环境（8分）			
	团队协作（8分）			
专业能力（60%）	任务准备（10分）			
	实施步骤（40分）			
	完成结果（5分）			
	任务工单（5分）			
最终得分（30% 组内自评、30% 组间互评、40% 教师评价）				

（2）学生汇报总结记录：

_____

_____

_____

_____

_____ ✎

（3）老师点评记录：

_____

_____

_____

_____

_____

_____ ✎

4.1.2 线控驱动系统整车拆装

任务名称	线控驱动系统整车装配	姓　　名		班　　级	
实训设备		实训场地		课　　时	
组　　号		日　　期		成　　绩	
任务描述	能独立对线控驱动系统进行整车装配				

1. 任务准备

准备项目	准备内容
场地准备	小组使用实习场地一块、对应数量的课桌椅、黑板一块
工量具 / 仪器	常用拆装工具套装、螺钉旋具套装、驱动电机举升设备
设备准备	底盘线控系统测试装调实验实训台
资料准备	教学课件；维修资料；视频教学资料；网络教学资源

2. 任务实施

请参照教材线控驱动系统整车拆装任务实施操作步骤，进行技能训练，并将实施结果填写在下表中。

拆卸实施结果

拆卸下列部件	是否完成		遇到的问题	如何解决的
蓄电池	□是	□否		
洗涤器储液罐及喷水电机	□是	□否		
驱动电机控制器的输入高压线束	□是	□否		
驱动电机控制器的输出高压线束	□是	□否		
驱动电机控制器固定螺栓	□是	□否		
驱动电机控制器	□是	□否		
驱动电机固定螺栓	□是	□否		
驱动电机	□是	□否		

安装实施结果

安装下列部件	是否完成		遇到的问题	如何解决的
驱动电机	□是	□否		
驱动电机固定螺栓	□是	□否		
驱动电机控制器	□是	□否		
驱动电机控制器固定螺栓	□是	□否		
驱动电机控制器的输出高压线束	□是	□否		
驱动电机控制器的输入高压线束	□是	□否		
洗涤器储液罐及喷水电机	□是	□否		
蓄电池	□是	□否		

3. 任务评价

（1）完成实训过程中要求填写的内容，并请对实训的结果进行检查，做出下列表格中的评价。

评价指标		组内自评	组间互评	教师评价
方法能力社会能力（40%）	工作态度（8分）			
	工作纪律（8分）			
	操作规范（8分）			
	工作环境（8分）			
	团队协作（8分）			

（续）

评价指标		组内自评	组间互评	教师评价
专业能力（60%）	任务准备（10分）			
	实施步骤（40分）			
	完成结果（5分）			
	任务工单（5分）			
最终得分（30% 组内自评、30% 组间互评、40% 教师评价）				

（2）学生汇报总结记录：

_____

_____

_____

_____

_____

_____

_____

（3）老师点评记录：

_____

_____

_____

_____

_____

_____

任务二　智能网联汽车线控驱动系统调试

4.2.1　线控驱动系统调试

任务名称	线控驱动系统调试	姓　　名		班　　级	
实训设备		实训场地		课　　时	
组　　号		日　　期		成　　绩	
任务描述	能独立对线控驱动系统进行调试				

1. 任务准备

准备项目	准备内容
场地准备	小组使用实习场地一块、对应数量的课桌椅、黑板一块
工量具 / 仪器	CAN 总线分析仪、调试电脑
设备准备	底盘线控系统测试装调实验实训台
资料准备	教学课件；维修资料；视频教学资料；网络教学资源

2. 任务实施

（1）请在实验实训台调试软件中发送下表中报文，并将线控驱动系统的实施结果填入下表。

发送报文	ID：0x110	数据：E0 30 00 0000000000
实施结果		

	档位	□P 档　□倒档 R □N 档　□D 档
	目标车速	km/h

（2）请参照教材，在下表空缺位置填写完整报文数据。

实训作业 1（举一反三）

发送	接收	要求	ID	填写完整报文数据
计算平台	VCU	设置档位 D 档，目标车速 50km/h	0x110	E00000000000
计算平台	VCU	设置档位 D 档，目标车速 20km/h	0x110	E00000000000

实训作业 2（举一反三）

发送	接收	ID	报文数据	分析报文含义
VCU	计算平台	0x101	0100012003844E	汽车行驶，驾驶模式，车辆状态，驱动电机处于状态，车速为 km/h，驱动电机转矩 N·m，转向角度为 0。
VCU	计算平台	0x101	010001F4015C4E	汽车行驶，驾驶模式，车辆状态，驱动电机处于状态，车速为 km/h，驱动电机转矩 N·m，转向角度为 0。

3. 任务评价

（1）完成实训过程中要求填写的内容，并请对实训的结果进行检查，做出下列表格中的评价。

评价指标		组内自评	组间互评	教师评价
方法能力社会能力（40%）	工作态度（8分）			
	工作纪律（8分）			
	操作规范（8分）			
	工作环境（8分）			
	团队协作（8分）			
专业能力（60%）	任务准备（10分）			
	实施步骤（40分）			
	完成结果（5分）			
	任务工单（5分）			
最终得分（30% 组内自评、30% 组间互评、40% 教师评价）				

（2）学生汇报总结记录：

_____

_____

_____

_____

_____

_____

（3）老师点评记录：

_____

_____

_____

_____

_____

_____

任务三　智能网联汽车线控驱动系统故障检修

4.3.1　线控驱动系统 CAN 通信故障检修

任务名称	线控驱动系统 CAN 通信故障检修	姓　　名		班　　级	
实训设备		实训场地		课　　时	
组　　号		日　　期		成　　绩	
任务描述	能独立对线控驱动系统进行故障检修				

1. 任务准备

准备项目	准备内容
场地准备	小组使用实习场地一块、对应数量的课桌椅、黑板一块
工量具 / 仪器	数字万用表、示波器
设备准备	底盘线控系统测试装调实验实训台
资料准备	教学课件；维修资料；视频教学资料；网络教学资源

2. 任务实施

请参照教材线控驱动系统 CAN 通信故障检修任务实施操作步骤，进行技能训练，并将实施结果填写在下表中。

诊断检测	测量数值	标准数值
万用表测量 MCU 高压插头供电 B+ 和动力电池高压插头正极输出之间线束导通状态		<1Ω 或有蜂鸣
万用表测量 MCU 高压插头搭铁 B– 和动力电池高压插头负极输出之间线束导通状态		<1Ω 或有蜂鸣
万用表测量 MCU 低压插头 CAN–H 21 号针脚与搭铁之间电压		2.6V 左右
万用表测量 MCU 低压插头 CAN–L 23 号针脚与搭铁之间电压		2.4V 左右

3. 任务评价

（1）完成实训过程中要求填写的内容，并请对实训的结果进行检查，做出下列表格中的评价。

评价指标		组内自评	组间互评	教师评价
方法能力社会能力（40%）	工作态度（8分）			
	工作纪律（8分）			
	操作规范（8分）			
	工作环境（8分）			
	团队协作（8分）			
专业能力（60%）	任务准备（10分）			
	实施步骤（40分）			
	完成结果（5分）			
	任务工单（5分）			
最终得分（30% 组内自评、30% 组间互评、40% 教师评价）				

（2）学生汇报总结记录：

_____

_____

_____

_____

_____

_____

_____

（3）老师点评记录：

_____

_____

_____

_____

_____

_____

4.3.2 整车控制器 CAN 通信故障检修

任务名称	整车控制器 CAN 通信故障检修	姓　　名		班　　级	
实训设备		实训场地		课　　时	
组　　号		日　　期		成　　绩	
任务描述	能独立对整车控制器进行故障检修				

1. 任务准备

准备项目	准备内容
场地准备	小组使用实习场地一块、对应数量的课桌椅、黑板一块
工量具 / 仪器	数字万用表、示波器
设备准备	底盘线控系统测试装调实验实训台
资料准备	教学课件；维修资料；视频教学资料；网络教学资源

2. 任务实施

请参照教材整车控制器 CAN 通信故障检修任务实施操作步骤，进行技能训练，并将实施结果填写在下表中。

诊断检测	测量数值	标准数值
万用表测量 VCU 插头 CAN1-H 91 号针脚与搭铁之间电压		2.6V 左右
万用表测量 VCU 插头 CAN1-L 90 号针脚与搭铁之间电压		2.4V 左右

3. 任务评价

（1）完成实训过程中要求填写的内容，并请对实训的结果进行检查，做出下列表格中的评价。

评价指标		组内自评	组间互评	教师评价
方法能力社会能力（40%）	工作态度（8分）			
	工作纪律（8分）			
	操作规范（8分）			
	工作环境（8分）			
	团队协作（8分）			

（续）

评价指标		组内自评	组间互评	教师评价
专业能力（60%）	任务准备（10分）			
	实施步骤（40分）			
	完成结果（5分）			
	任务工单（5分）			
最终得分（30% 组内自评、30% 组间互评、40% 教师评价）				

（2）学生汇报总结记录：

_____

_____

_____

_____

_____

（3）老师点评记录：

_____

_____

_____

_____

_____

4.3.3　线控驱动电机温度传感器故障检修

任务名称	线控驱动电机温度传感器故障检修	姓　名		班　级	
实训设备		实训场地		课　时	
组　号		日　期		成　绩	
任务描述	能独立对线控驱动系统进行故障检修				

1.任务准备

准备项目	准备内容
场地准备	小组使用实习场地一块、对应数量的课桌椅、黑板一块
工量具/仪器	数字万用表
设备准备	底盘线控系统测试装调实验实训台
资料准备	教学课件；维修资料；视频教学资料；网络教学资源

2.任务实施

请参照教材线控驱动电机温度传感器故障检修任务实施操作步骤，进行技能训练，并将实施结果填写在下表中。

诊断检测	测量数值	标准数值
测量电机温度传感器信号电压，两个表笔分别接 MCU 温度端子（背部）		2.1V 左右
测量电机温度传感器电阻		21kΩ 左右

3.任务评价

（1）完成实训过程中要求填写的内容，并请对实训的结果进行检查，做出下列表格中的评价。

评价指标		组内自评	组间互评	教师评价
方法能力社会能力（40%）	工作态度（8分）			
	工作纪律（8分）			
	操作规范（8分）			
	工作环境（8分）			
	团队协作（8分）			
专业能力（60%）	任务准备（10分）			
	实施步骤（40分）			
	完成结果（5分）			
	任务工单（5分）			
最终得分（30% 组内自评、30% 组间互评、40% 教师评价）				

（2）学生汇报总结记录：

_____

_____

_____

_____

_____

_____

（3）老师点评记录：

_____

_____

_____

_____

_____

_____

目 录
Contents

项目 3

**智能网联汽车线控制动系
统装调与检修**

074

项目 4
智能网联汽车线控驱动系统装调与检修

120

项目1 智能网联汽车底盘线控系统认知

汽车底盘线控系统包括线控转向系统、线控制动系统、线控驱动系统、线控悬架系统等，利用传感器感知驾驶人的驾驶意图，并将其变换成电信号传送给控制器，控制器控制执行机构工作，实现汽车的转向、制动、驱动等功能。而对于智能网联汽车，如图1-1所示，汽车底盘线控系统除了包含上述功能外，还通过整车控制器结合了计算平台，由计算平台替代了驾驶人向汽车发送驾驶意图，实现智能网联汽车的自动驾驶。

图1-1 智能网联汽车

由于计算平台替代了驾驶人向汽车发送驾驶意图，因此，目前在有些汽车中，已取消了转向盘、加速踏板和制动踏板等，车内空间将显得更加宽敞舒适，此种汽车在本书中我们称为单模自动驾驶汽车，如图1-2所示。对于一些单模自动驾驶汽车，车厢可以和底盘分开，底盘能够单独进行货运任务，如图1-2b所示。而对于绝大多数车辆而言，直接去除人工驾驶还不可行，这不仅依赖于技术先进的程度，还需要完善的法律、法规以及成熟的智慧道路设施支撑。因此，人工驾驶和自动驾驶还需要并存一段时间，即在一辆智能网联汽车中，转向盘、加速踏板和制动踏板等还会继续存在，可供驾驶人在一些情况下进行人工驾驶，这种汽车在本书中称为双模自动驾驶汽车，如图1-3所示。本书项目2~项目4中关于底盘线控系统装配、调试、故障检修所应用的智能网联汽车的载体，就是双模自动驾驶汽车。

a）车厢已安装

b）车厢被拆卸

图 1-2 单模自动驾驶汽车

图 1-3 双模自动驾驶汽车

项目目标

知识目标

◇ 国内外底盘线控系统发展现状。

◇ 底盘线控系统功能。

◇ 底盘线控系统组成、工作原理、特点。

◇ CAN 总线系统组成、通信原理、帧格式。

◇ CAN 分析仪功能、使用方法。

能力 / 技能目标

◇ 认识线控转向系统、线控制动系统、线控驱动系统相关零部件名称。

素养目标

◇ 能够自觉遵守法律、法规以及技术标准规定。

◇ 能够和同学及教学人员建立良好的合作关系。

◇ 能够在实际操作过程中，培养动手实践能力，注重培养质量意识、安全意识、节能环保意识和规范操作等职业素养。

任务一　底盘线控系统发展现状

应知应会

1.1.1　国外底盘线控系统发展现状

国外线控汽车研究起步较早。

底盘线控系统整体介绍

20 世纪 50 年代，美国天合（TRW）公司最早提出用控制信号代替转向盘和转向轮之间的机械连接。60 年代末，德国 Kasselmann 公司试图用导线连接转向盘与转向轮，但受到当时电子技术和控制技术水平的限制，这种构想的线控转向系统一直无法在实车上实现。

直到 20 世纪 90 年代，线控转向技术才有较大进展，美国、欧洲、日本在线控转向的研发与推广方面比较活跃，一些采用线控系统的概念车陆续展出。德国奔驰公司于 1990 年开始了前轮线控转向系统的深入研究，并将其开发的线控转向系统安装于 F400Carving 概念车上。该车在转向、制动、悬架及车身控制方面均采用了线控技术。1998 年，采埃孚（ZF）公司也在开发出电动助力转向系统（EPS）之后，又积极开发研究了自己的线控转向系统（SBW），目前已经研发出整套的 SBW 系统。1999 年德国宝马汽车公司开发出了 BMWZ22 概念车，应用了线控转向和线控制动技术及线控换档技术。此外，德国克莱斯勒（Daimler-Chrysler）公司开发出了电子驱动概念车 R129，该车取消了转向盘、加速踏板和制动踏板，完全采用操纵杆控制，实现了线控驱动技术。

2001 年第 71 届日内瓦国际汽车展览会上，意大利博通（Bertone）汽车设计及开发公司展示了新型概念车 FILO。该车采用了线控驱动技术，所有的驾驶动作都通过信号传递，使用操纵杆进行转向操作，并采用了最新的 42V 供电系统。

2002 年美国通用汽车公司推出了氢燃料驱动 - 线传操纵的 Hy-wire 概念车和 Sequel 概念车，这些车转向、制动和其他一些系统均采用线控技术。

2003 年日本丰田公司在纽约国际车展上展出了 Lexus-HPX 概念车，该车采用了线控转向系统，在仪表盘上集成了各种控制功能。

2007 年第 40 届东京车展上，日本精工展出了通过两个电机的旋转力，直接驱动前轮转向拉杆的方式来操纵的"双连杆臂式线控转向系统（DPASS）"，该系统将精工开发的多传感轮毂单元与两个电机组合使用，为提高主动安全性做出了贡献。此次展会上，捷太格特（JTEKT）公司还展出了使用齿条驱动型 EPS 机构的线控转向系统。

2010 年丰田公司又推出了 FT-EV Ⅱ 概念车，该车采用线控技术，通过操控杆实现加速、制动、转向等全部功能。

2013 年英菲尼迪的 Q50 成为第 1 款应用线控转向技术的量产车型，如图 1-4a 所示。该线控转向系统由路感反馈总成、转向执行机构和 3 个电控单元（ECU）组成，如图 1-4b 所示，其中双转向电机的电控单元互相实现备份，可保证系统的冗余性能，转向柱与转向机间的离合器能够在线控转向系统出现故障时自动接合，保证紧急工况下依然可实现对车辆转向的机械操纵。

a）车辆外观　　　　　　　　　　　b）车辆线控转向系统

图 1-4　英菲尼迪的 Q50

2017 年耐世特（Nexteer）公司开发了由"静默转向盘系统"和"随需转向系统"组成的线控转向系统，如图 1-5 所示，"静默转向盘系统"能够修正车辆自动转向过程中转向盘的颤动和回正带来的干扰，从而显著降低操作疲劳度，确保车辆安全平稳驾驶，在自动驾驶时转向盘还可保持静止，并能收缩至组合仪表上，从而提供更大的车内空间。"随需转向系统"可实现驾驶人人工控制和自动驾驶控制之间更安全、更直觉的切换。

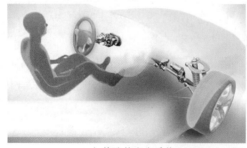

a）静默转向盘系统　　　　　　　　b）随需转向系统

图 1-5　耐世特线控转向系统

2019 年博世线控转向系统亮相于上海车展。博世线控转向系统取消了传统转向系统的中间轴连接，实现了上转向与下转向的非机械连接，将其结构分为转向盘执行机构、转向齿条执行机构。转向盘执行机构将驾驶人的转向意图通过传感器转换成数字信号，传递给转向齿条执行机构。同时，根据不同的车速及驾驶工况提供模拟的转向盘力矩反馈，从而实现转向盘的回正，以及驾驶手感等功能。转向齿条执行机构则从转向盘执行机构接收信号，并根据驾驶人的转向意图将转向盘角度信号转换成轮胎的转动。与此同时，博世线控转向采用全冗余的软硬件方案，保证了安全的同时实现了令人印象深刻的转向盘手力反馈，为自动驾驶转向领域的未来提供了一种全新的方案。

1.1.2　国内底盘线控系统发展现状

　　我国企业对底盘线控的研究起步相对较晚，而我国各高校对底盘线控系统的研究相对较早，主要以理论为主。2004 年同济大学在上海国际工业博览会上展示了配备线控转向系统的四轮独立驱动微型电动车春晖三号（图 1-6），该车是国内首辆采用线控转向技术的电动车，是国内线控转向系统领域的一个突破。2009 年吉林大学汽车仿真与控制国家重点实验室在企业资助下，开发了线控转向试验车。2010 年第 25 届世界电动车展览会上，吉林大学汽车仿真与控制国家重点实验室还展出了基于轮毂电机的全线控电动概念车（图 1-7）。

图 1-6　春晖三号　　　　　图 1-7　基于轮毂电机的全线控电动概念车

　　目前，国内涌现出一批专业开发底盘线控产品的企业，如拿森、上海同驭等，还有一些传统汽车底盘制动或转向公司实现业务转型，开发线控产品，如芜湖伯特利、瑞立科密、易力达、豫北公司等。

　　2019 年 12 月，上海拿森与北汽新能源达成战略合作协议，双方在底盘线控技术产品上展开深度合作，EC 系列、EU 系列等多款量产车型都搭载着 NBooster 系统，并可自由搭配电子稳定控制系统（ESC）、EPS 线控转向系统，如图 1-8 和图 1-9 所示。NBooster 线控制动系统可实现 99.99% 制动能量回收，极大提高了电动汽车续驶里程，降低了新能源车能耗。除北汽新能源外，上海拿森目前还与比亚迪、长安、江铃福特等公司开展了合作项目，其线控技术也应用在这些车企的部分车型上，截至 2020 年底，拿森 NBooster 系统已实现累计供货 10 万套。

图 1-8 NBooster 智能制动系统

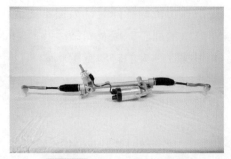

图 1-9 EPS 线控转向系统

截止到 2021 年 3 月，上海同驭自主研发的液压式线控制动系统（EHB）已成功应用于吉利、东风、江淮、江铃、金龙、威马、阿里巴巴、京东物流、驭势科技等 60 多家公司的各类车型上，如图 1-10 所示。

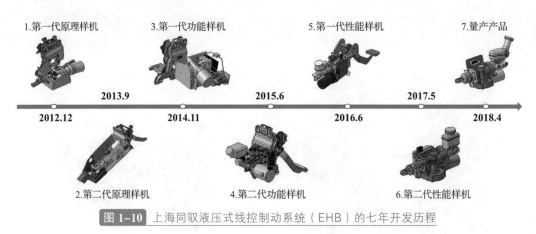

图 1-10 上海同驭液压式线控制动系统（EHB）的七年开发历程

任务二 底盘线控系统功能

如果把汽车比作人，那么底盘系统就是手和脚，用来做控制执行，是汽车的核心部件。而对于智能网联汽车，底盘系统的加减速响应时效、转向灵活性等功能直接关系到自动驾驶的实现情况。

如图 1-11 所示，要实现自动驾驶，首先要依赖环境感知传感器对道路周边环境信息进行采集，包括摄像头、激光雷达、毫米波雷达和超声波雷达等。采集的数据被传输到计算平台进行计算，用来识别车辆周边障碍物和可行驶区域，进行路线规划和控制，最后生转向盘转角、制动压力、车速、档位等控制信息，通过整车控制器传输到底盘系统，底盘系统按照指令进行精确执行。所以，底盘线控系统的响应更快、执行精度更高。而且，在自动驾驶过程中，汽车需要大量的、精确的底盘系统信号，感知车辆状态，保证自动驾驶的安全性、稳定性和操纵性，而底盘线控系统可根据指令即时地控制底盘执行机构做出相应动作，还可随时监测车辆的运行状态，即时反馈给汽车，因此底盘线控系统是智能网联汽车的标配。

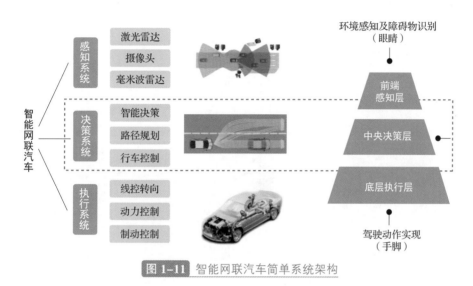

图 1-11　智能网联汽车简单系统架构

任务三　底盘线控系统组成

　　底盘线控系统包括四大系统，分别为线控转向系统、线控制动系统、线控驱动系统以及线控悬架系统。图 1-12 为底盘线控系统的三个主要组成系统图，分别为线控转向系统、线控制动系统和线控驱动系统。

图 1-12　底盘线控系统

1. 线控转向系统组成

线控转向系统由转向盘模块、转向执行模块和 ECU 这 3 个主要部分，以及自动防故障系统、电源等辅助模块组成，如图 1-13 所示。

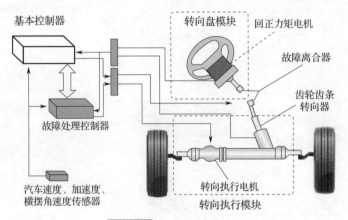

图 1-13 线控转向系统组成

2. 线控制动系统组成

线控制动系统主要由制动踏板、传感器、ECU 及执行器等构成，如图 1-14 所示。

3. 线控驱动系统组成

线控驱动系统主要由加速踏板、加速踏板位移传感器、档位选择单元、MCU 和驱动电机等组成，如图 1-15 所示。

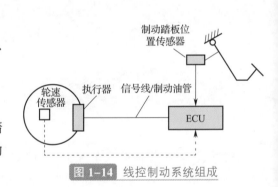

图 1-14 线控制动系统组成

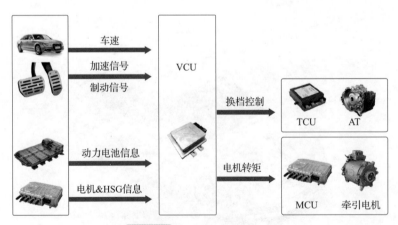

图 1-15 线控驱动系统组成

任务四　底盘线控系统工作原理

在自动驾驶模式下，底盘线控系统的工作原理如图 1-16 所示，计算平台接收各环境感知传感器发送的数据，并对数据进行计算后，通过 CAN 总线发送给整车控制器（VCU），VCU 对计算平台发送的数据再次分析处理，通过 CAN 总线发送给底盘线控系统，进而实现对汽车转向、制动、速度等的控制。

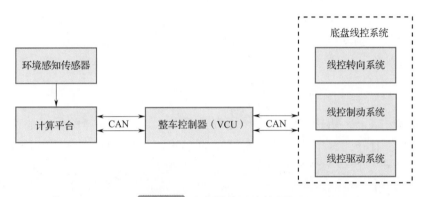

图 1-16　底盘线控系统控制框图

底盘线控系统上主要的控制单元包括转向系统 ECU、制动系统 ECU 和驱动电机控制单元（MCU），如图 1-17 所示，这些控制单元通过 CAN 总线与整车控制器（VCU）进行通信，实现智能网联汽车的转向、制动、速度、档位等底盘控制。

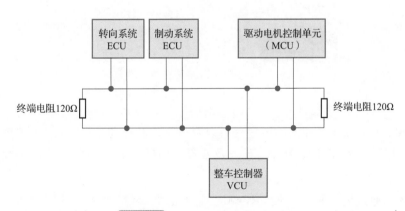

图 1-17　底盘线控系统网络拓扑结构

1. 线控转向系统工作原理

在人工驾驶模式下，线控转向系统的工作原理是当转向盘转动时，转矩转角传感器将测量到的转向盘转矩和转向盘转角转变成电信号输入到转向系统 ECU，转向系统 ECU 控制转向电机的旋转方向、转矩大小和旋转角度，使汽车沿着驾驶人驾驶的轨迹行驶。

在自动驾驶模式下，线控转向系统的工作原理是计算平台将转向意图发送给 VCU，VCU 计算转向盘旋转方向、旋转角度等，再发送给转向系统 ECU，转向系统 ECU 控制转向电机的旋转方向、转矩大小和旋转角度，使汽车沿着预设的轨迹行驶。

2. 线控制动系统工作原理

在人工驾驶模式下，线控制动系统的工作原理是制动踏板接收驾驶人踩制动踏板的信息，制动系统 ECU 制定制动方案以达到最短制动距离，然后以电信号形式传递到制动执行单元实现制动。

在自动驾驶模式下，线控制动系统的工作原理是计算平台将制动意图发送给 VCU，VCU 计算制动行程、制动压力等，再发送给制动系统 ECU，制动系统 ECU 控制制动执行机构，实现汽车制动。

3. 线控驱动系统工作原理

在人工驾驶模式下，线控驱动的工作原理是驾驶人通过踩加速踏板，加速踏板位置传感器将踏板的位置转化为电信号传送至汽车的 VCU，VCU 通过车载网络传递至 MCU，MCU 将收集到的相关传感器信号经过处理后控制驱动电机的转向、转速，使汽车沿着期望的方向和速度行驶。

在自动驾驶模式下，线控驱动系统的工作原理是计算平台将加减速、换档等驱动意图发送给 VCU，VCU 计算车速、档位等，再发送给 MCU，MCU 驱动电机，使汽车沿着预设的方向和速度行驶。

任务五 底盘线控系统特点

底盘线控系统具有如下特征：

1）线控消除了机械连接冲击的传递，可以降低噪声和振动，提高了驾驶的舒适性。

2）采用线控省去大量机械和管路系统及部件，电线更容易布置，使汽车的结构更加合理，并且有助于轻量化。

3）线控技术通过电脑控制，使动作响应时间缩短，且能对人工驾驶时驾驶人的动作和执行元件的动作进行适时监控，并进行修正，使操控更加精准，提高了系统性能。

4）线控技术使整个系统的制造、装配、测试更为简单快捷，同时采用模块化结构，维护简单，适应性好、系统耐久性能良好，略加变化即可增设各种电控制功能。

5）使用线控制动无须制动液，使汽车更为环保，无需另加维护。

6）汽车线控技术的应用便于实现个性化设计。对于驾驶特性如制动、转向、加速等过程，可根据用户选择设计不同的程序。

任务六　底盘线控系统 CAN 总线介绍

由图 1-17 可知，底盘线控系统上的各控制单元是通过 CAN 总线与整车控制器（VCU）进行通信的，接下来将从 CAN 总线的硬件组成、通信原理以及数据格式三个方面深入讲解 CAN 总线系统。

1.6.1　CAN 总线组成

CAN 总线的总体构成如图 1-18 所示，主要由若干个节点（电控单元）、两条数据传输线（一高一低，即 CAN-H 和 CAN-L）及终端电阻组成。

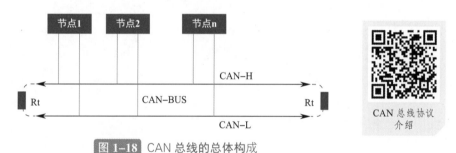

图 1-18　CAN 总线的总体构成

1. 节点

CAN 节点主要由微控制器、CAN 控制器、CAN 收发器组成。目前，汽车上多采用内部集成 CAN 控制器的微控制器，如图 1-19 所示。CAN 总线上的每个节点独立完成网络数据交换和测控任务，理论上 CAN 总线可以连接无数个节点，但实际上受总线驱动能力的限制，目前每个 CAN 总线系统中最多可以连接 110 个节点。

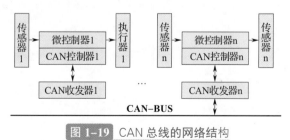

图 1-19　CAN 总线的网络结构

CAN 节点中的 CAN 控制器具有"数据打包 / 解包"和"验收滤波"的作用，而 CAN 收发器具有"边说边听（同时发送和接收）"和"信号转换（数字信号与总线电压信号的转换）"的作用。图 1-20 给出了 CAN 收发器实现信号转换的过程，CAN 收发器对 CAN-H 和 CAN-L 两根线的电压做差分运算后生成差分电压信号，然后采用"负逻辑"将差分电压信号转换为数字信号。

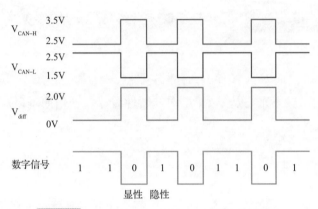

图 1-20 CAN 总线电压信号到逻辑信号的转换

为了提高网络通信的可靠性和实时性，CAN 总线只有物理层、数据链路层和应用层，如图 1-21 所示，其中数据链路层和物理层的协议分别由 CAN 控制器和 CAN 收发器硬件自动完成，因此在 CAN 总线应用系统设计时，主要任务是对其应用层程序进行设计。

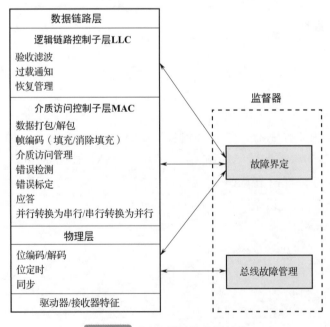

图 1-21 CAN 的网络分层结构

2. 数据传输线

CAN 数据传输线是双向串行总线，大都采用具有较强抗干扰能力的双绞线，分为 CAN-H 线和 CAN-L 线，两线缠绕绞合在一起，其绞距为 20mm，横截面积为 0.35mm^2 或 0.5mm^2，如图 1-22 所示。

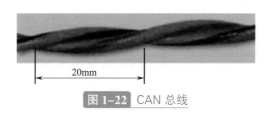

20mm

图 1-22 CAN 总线

3. 终端电阻

终端电阻的作用是防止信号在传输线终端产生反射波，而使正常传输的数据受到干扰。

1.6.2 CAN 总线网络通信原理

如图 1-19 所示，节点 1 向节点 n 传输数据的流程如下：

节点 1 的微控制器 1 对传感器 1 进行数据采集，然后将传感器 1 对应的数字信号附加一个数据 ID 号发送给 CAN 控制器 1，CAN 控制器 1 对数据进行打包，然后将数据包发送给 CAN 收发器 1，CAN 收发器 1 再将其数字信号转换为对应的 CAN 总线电压信号，从而完成数据发送过程；当节点 n 从 CAN 总线上接收到电压信号后，首先由 CAN 收发器 n 将总线电压信号转换为对应的数字信号，然后将其数字信号发送给 CAN 控制器 n；CAN 控制器 n 首先对其收到的数据进行"验收滤波"，判断收到的信号是否是自身节点需要的数据，若是，则接受此数据并对其进行解包，为节点 n 的微控制器 n 提供有效数据（节点 1 的传感器信号），微控制器 n 可根据节点 1 的传感器信号控制执行器 n 动作；否则，节点 n 放弃此次收到的 CAN 数据。

1.6.3 CAN 总线数据格式

CAN 总线通信帧共分为数据帧、远程帧、错误帧、过载帧和帧间隔 5 种类型。在本书中仅使用了数据帧，因此下面仅介绍数据帧。数据帧由 7 个段组成，其中根据仲裁段 ID 码长度的不同，分为标准帧和扩展帧，如图 1-23 所示。

1. 帧起始和帧结束

帧起始和帧结束用于界定一个数据帧，如图 1-24 所示，无论是标准数据帧还是扩展数据帧都包含这两段。其中帧起始由单个显性位组成，总线空闲时，发送节点发送帧起始，其他接收节点同步于该帧起始位。帧结束由 7 个连续的隐性位组成，是一个数据帧的结束标识序列。

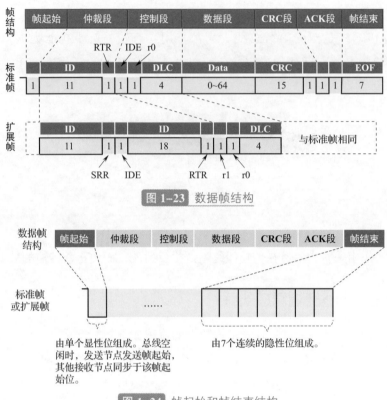

图 1-23 数据帧结构

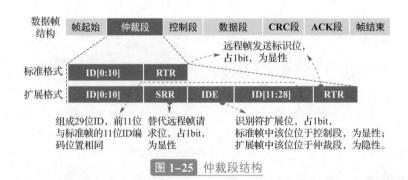

图 1-24 帧起始和帧结束结构

2. 仲裁段

仲裁段分为标准格式和扩展格式，其区别在于标识符场的长度。具有 11 位标识符场的称为"标准帧"，具有 29 位标识符场的称为"扩展帧"，如图 1-25 所示。标准帧共 12 位，由 11 位 ID 和远程帧发送请求位 RTR 组成；扩展帧共 32 位，由 29 位 ID、替代远程请求位 SRR、扩展帧标志位 IDE 以及远程帧发送请求位 RTR 组成。

图 1-25 仲裁段结构

CAN 总线没有规定各节点的优先级，是通过仲裁段 ID 决定各节点数据帧的优先级，ID 为 0，即显性，在 CAN 控制器中对应低电平，ID 为 1，即隐性，在 CAN 控制器中对应高电平，0 的优先级大于 1。

此外，CAN 控制器在发送数据的同时，监测数据线的电平是否与发送数据对应电平相同，如果不同，则停止发送并做其他处理，如图 1-26 所示。

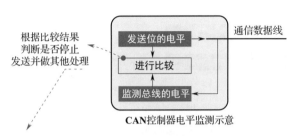

图 1-26　CAN 控制器电平监测示意图

在智能网联汽车的底盘线控系统中，已对线控转向、线控制动、线控驱动等系统预先配置好 ID 地址，在调试界面选择 ID 地址后，即可通过输入 CAN 报文对相应的底盘线控系统进行调试。本书中，计算平台、VCU、底盘线控系统之间 CAN 报文发送与接收的所有 ID 地址见表 1-1。

本书中，底盘线控系统采用通信的帧格式为标准帧，有 11 位 ID，且 C 语言、C++、Shell、Python、Java 语言及其他相近的语言需使用字首"0x"，其中开头的"0"可使解析器更易辨认数，"x"则代表 16 进制（"x"既可以大写也可以小写），例如在本书中用"0x314"表示整车控制器（VCU）向电动助力转向系统控制器（EPS-ECU）发送 CAN 报文的 ID。

表 1-1　计算平台、VCU、底盘线控系统之间 CAN 报文发送与接收的 ID

发送	接收	ID（地址）	发送	接收	ID（地址）
计算平台	VCU	0x110	VCU	计算平台	0x101/0x102/0x103
VCU/MCU	EHB-ECU	0X289	VCU	EHB-ECU	0x364
MCU	VCU	0x310/0x311/0x312	VCU	MCU	0x301
EPS-ECU	VCU	0x18F	VCU	EPS-ECU	0x314

表 1-1 中：MCU 为电机控制器的英文缩写，英文全称为 Motor Control Unit；EHB 为液压式线控制动系统的英文缩写，英文全称为 Electro-Hydraulic Brake；EPS 为电动助力转向系统的英文缩写，英文全称为 Electric Power Steering；VCU 为整车控制器的英文缩写，英文全称为 Vehicle Control Unit；ECU 为电子控制单元的英文缩写，英文全称为 Electronic Control Unit。

3. 控制段

控制段共 6 位，标准帧的控制段由扩展帧标志位 IDE、保留位 r0 和数据长度代码 DLC 组成；扩展帧控制段则由 r1、r0 和 DLC 组成，如图 1-27 所示。

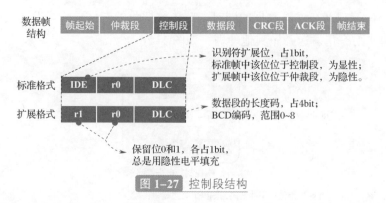

图 1-27 控制段结构

4. 数据段

数据段为实际的数据字段，容纳的数据量为 0~8 字节，如图 1-28 所示，这种短帧结构使得 CAN 总线实时性很高，非常适合汽车和工控领域。

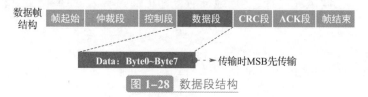

图 1-28 数据段结构

与其他总线协议相比，CAN 总线的短帧结构具有以下优势：

1）数据量小，发送和接收时间短，实时性高。

2）数据量小，被干扰的概率小，抗干扰能力强。

在本书后面针对各底盘线控系统的调试过程中，输入的控制报文就是数据帧中的数据段，即底盘线控系统调试界面（图 1-29）"数据"框中所填写的数据，通过对应电控单元对报文进行解析后，控制智能网联汽车的转向、制动、速度等。

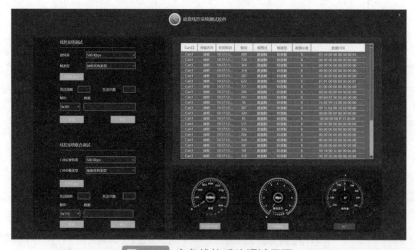

图 1-29 底盘线控系统调试界面

5.CRC 段

CAN 总线使用 CRC 校验进行数据检错，CRC 校验值存放于 CRC 段。CRC 校验段由 15 位 CRC 值和 1 位 CRC 界定符组成，如图 1-30 所示。

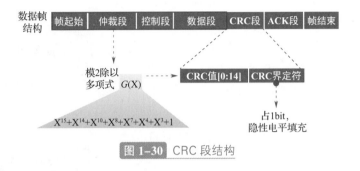

图 1-30 CRC 段结构

6. ACK 段

ACK 由两位组成，分别为 ACK 槽和 ACK 界定符，如图 1-31 所示。其中 ACK 界定符为隐性位，ACK 槽为隐性还是显性与接收节点接收的帧起始到 CRC 段之间的内容是否有误有关，当接收的内容没有发生错误时，ACK 槽为显性，则 ACK 段发送一个显性电平。

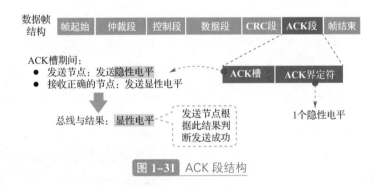

图 1-31 ACK 段结构

任务七　CAN 分析仪介绍

知识拓展

进行底盘线控系统的调试时，需通过 CAN 总线发送调试报文和接收反馈报文，而报文的发送和接收需要用到 CAN 分析仪，将所要调试的底盘线控系统与调试电脑连接起来。CAN 分析仪可用于分析底盘线控 CAN 总线的网络数据、错误状态、网络负载、应用层协议或模拟 CAN 总线应用终端的工作状态。

1. CAN 分析仪功能

CAN 分析仪如图 1-32 所示，各接口 / 按键定义如下：

① 接线端子：L 为 CAN-L，H 为 CAN-H，G 为信号地，P 为专门用于将电气装置外露导电部分搭铁的引脚。此外 CAN 分析仪上的 CAN1 和 CAN2 代表两条 CAN 通道，接线时应先将端子逆时针放松，然后将导线插入 1 通道或者 2 通道的 L 和 H 引脚并顺时针压紧螺钉，G 和 P 大多数情况下不需要接入总线。

② 复位键：用于设备升级内核，请勿擅自操作。

③ 120Ω 终端电阻：拨码开关向下为接入 120Ω，测试时应保证总线上有两个 120Ω 电阻，需根据实际情况判断是否接入。

④ 5V 电源：外置电源接口，设备脱机模式会用到，一般情况不需要接入。

图 1-32 CAN 分析仪

⑤ USB 接口：为 USBCAN 设备供电，是与 PC 通信用到的接口。

⑥ 状态指示灯：正常上电，PWR、SYS 会常亮；成功进入软件之后 SYS 会闪烁；CAN1 和 CAN2 在成功收发数据的时候会进入闪烁状态。

2. CAN 分析仪使用方法

1）安装 ECANTools 软件，将设备插入电脑 USB 端口，检查设备管理器里是否含有此设备。

2）如果没有驱动，需要安装设备的驱动，驱动安装成功之后，打开 ECANTools 软件，进入设定参数界面：设备类型选择"USBCAN-V5"→点击"打开设备"→工作模式选择"正常模式"→选择与用户 CAN 设备一致的波特率→点击"确定"，如图 1-33 所示。

图 1-33 ECANTools 软件参数设置

注意 如果不清楚 CAN 设备的波特率是多少，可以使用 ECANTools 软件的自动识别波特率功能：选择"USBCAN-V5"→打开设备→选择设备→点击"自动识别波特率"→标准波特率点击左上角"开始识别"。

3）设定好参数之后进入软件，如图 1-34 所示，此时设备的 SYS 灯会进入闪烁状态。如果 CAN 设备此时正在主动发送数据，那么在软件 Receive 界面中就会收到 CAN 数据，并且设备对应通道的 CAN 灯会闪烁。

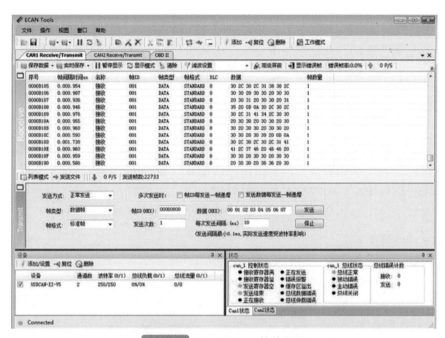

图 1-34 ECANTools 软件界面

如果 CAN 设备需要手动发送指令，可以打开软件之后点击发送（可发送任意数据），如图 1-35 所示。显示发送成功说明波特率、终端电阻等通信参数设置正确，显示发送失败说明通信未成功，需从多方面考虑影响通信的因素。

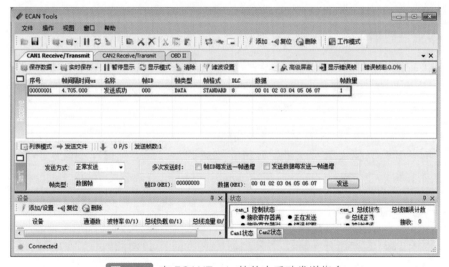

图 1-35 在 ECANTools 软件中手动发送指令

技能实训

一、实训规则

1. 目的

为了规范实训教学，保证学生的安全，为实训教学提供一个良好的学习环境，使实训教学有组织、有纪律、高质量地进行，特制定本规则。

2. 规则

（1）学生实训前必须将劳保用品穿戴整齐，做好准备工作准时上课。

（2）学生不得擅自离开实训岗位、实训场所。有事要请假，返回岗位时应向教师报告，进行销假，未经实训教师允许不得调换岗位和设备，更不允许乱动设备。

（3）学生必须严格遵守安全技术操作规程。

（4）认真学习，虚心接受实训老师的指导，按时按课题完成实训任务，确保实训质量，不断提高操作技能技巧。

（5）爱护公共设施和设备、工具、材料等，不准做私活，更不允许私拿公物，如丢失和损坏，按照相关制度赔偿。

（6）学生进入实训场地，不准嬉笑打闹，更不允许动用实训工具、材料打闹，要做到文明礼貌。

（7）学生在实训中要按照学校安排积极参加建校劳动和生产劳动。

（8）学生在实训场地和教室要做到"六无"，即无烟头、无碎纸、无痰迹、无饭菜、无瓜果皮核、无乱写乱画。

（9）下课前将自己所用的设备、工具、材料整理并归位，清理卫生，切断电源，经实训教师同意后方可离开实训场所。

二、实训注意事项

认识底盘线控系统部件实训注意事项，主要是举升机的操作及维护的注意事项。

（1）举升机在使用前应清除附近妨碍作业的器具及杂物，并检查操作手柄是否正常。

（2）举升机操作机构是否灵敏有效，液压系统不允许有爬行现象。

（3）待举升车辆驶入后，应将举升机支撑块调整移动对正该车型规定的举升点。

（4）举升机在支车时，四个支角应在同一平面上，调整支角胶垫高度使其接触车辆底盘支撑部位，并且车辆不可支得过高，支起后四个托架要锁紧，举升要稳，降落要慢。

（5）举升时人员应离开车辆，举升到需要高度时，必须插入保险锁销，并确保安全可靠才可开始到车底作业。

（6）除底保及小修项目外，其他繁琐笨重作业，不得在举升机上操作修理。

（7）举升机不得频繁起落。

（8）有人作业时严禁升降举升机。

（9）发现操作机构不灵，电机不同步，托架不平或液压部分漏油等故障，应及时报修，不得带病操作。

（10）作业完毕应清除杂物，打扫举升机周围以保持场地整洁。

（11）定期排除举升机液压缸积水，并检查油量，油量不足应及时加注相同牌号的液压油。同时应检查、润滑举升机传动齿轮及链条。

任务八　底盘线控系统结构认知

工作页 1-1　"底盘线控系统结构认知"工作页

所在组组名			学生姓名		
完成时间	45min	技术技能等级	中	危险度等级	中

1. 任务准备

◇　操作设备：底盘线控系统测试装调实验实训台。

◇　教具 / 文具：便利贴、签字笔。

◇　人员分工：组长 1 名，记录人员 2 名，检验人员 2 名，操作人员若干，以上人选角色可通过选举、抽签及教师指定等来担任，通过多个任务的训练，争取让每个学生轮流担任每个角色，最终能够提升学生自身综合能力。

◇　实训场地：智能网联汽车线控技术实训室。

2. 任务实施

请将下面部件 / 零件池中的线控转向、线控驱动、线控制动的零部件名称写在便利贴上，并对应粘贴在整车的零部件上。

部件 / 零件池	
线控转向系统	转向盘总成、转向器、转向助力电机、转向控制单元
线控驱动系统	驱动电机、驱动电机控制器、动力电池、加速踏板
线控制动系统	制动控制单元、制动执行器、轮速传感器、制动踏板

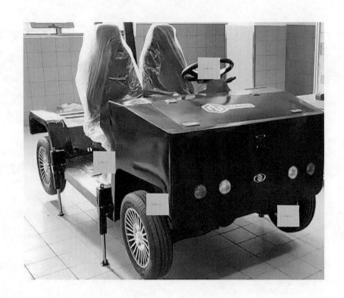

3. 任务评价

完成实训任务后，对任务完成情况进行评价。

项目2　智能网联汽车线控转向系统装调与检修

　　汽车转向系统大致经历了机械转向系统、液压助力转向系统、电控液压助力转向系统、电动助力转向系统、线控转向系统的一个发展过程。目前，电动助力转向系统在我国已经进入批量生产阶段，并装配在各类汽车上，且国内外可以提供量产电动助力转向系统的企业也很多，如采埃孚（ZF）、天合（TRW）、捷太格特（JTEKT）、联创汽车电子（DIAS）、南京东华等。考虑电动助力转向系统受限于安装空间、力传递特性、角传递特性等诸多因素，不能自由设计和实现，一种新型的转向系统——线控转向系统应运而生，该系统将给汽车转向特性的设计带来无限的空间，是汽车转向系统的重大革新。在智能网联汽车中，可将线控转向系统通过VCU与计算平台结合起来，通过计算平台替代驾驶人（操作转向盘等）向汽车发送转向意图，例如当环境感知传感器检测到汽车所在车道前方有路障时，环境感知传感器将路障大小、距离等信息传递给计算平台，计算平台经分析后，向VCU发送请求执行转向信号，VCU将信号再次处理后，发送给线控转向系统，线控转向系统根据命令实现汽车的自动转向，防止汽车撞到路障引发交通事故，如图2-1所示。线控转向系统除了可实现汽车的自动避障外，还可以实现汽车的自动泊车、车道保持等，智能地处理各种复杂的路况。

图2-1　智能网联汽车线控转向系统自动避障

项目目标

知识目标

◇ 线控转向系统的功能与分类。

◇ 线控转向系统的结构与工作原理。

◇ 线控转向系统的特点。

◇ 线控转向系统的通信原理。

◇ 线控转向系统的关键技术。

◇ 线控转向系统电路图。

◇ 线控转向系统部件插接器针脚定义。

能力 / 技能目标

◇ 能够独立拆装线控转向系统。

◇ 能够正确调试线控转向系统。

◇ 能够准确检测线控转向系统出现的故障。

素养目标

◇ 能够自觉遵守法律、法规以及技术标准规定。

◇ 能够和同学及教学人员建立良好的合作关系。

◇ 能够在实际操作过程中，培养动手实践能力，注重培养质量意识、安全意识、节能环保意识和规范操作等职业素养。

任务一　智能网联汽车线控转向系统拆装

任务目标

◇ 了解线控转向系统的功能与分类。

◇ 掌握线控转向系统的结构与工作原理。

◇ 掌握线控转向系统的特点。

◇ 了解线控转向系统典型车型应用。

◇ 了解线控四轮转向系统定义、结构、工作原理。

◇ 能够独立拆装线控转向系统。

情境导入

小光毕业后通过应聘进入一家智能网联汽车研发企业，岗位职责为将底盘线控系统转向零部件上装至整车，正式进入岗位前，小光需要参加新员工培训，培训主要围绕线控转向的结构、原理、装配方法及安全注意事项等展开介绍。通过培训，小光顺利进入工作岗位，在实践中再次验证巩固所学知识，并对操作方法进行优化创新，提升工作效率，受到公司领导和同事的一致好评。

假如你是一名刚参加工作的新员工，能否通过学习培训后也能胜任这份工作？

应知应会

底盘线控转向系统介绍

2.1.1　线控转向系统功能与分类

1. 线控转向系统功能

用来改变或保持汽车行驶方向的一系列装置称为汽车转向系统，起初汽车转向系统为机械式转向，完全靠人力进行转向，为协助驾驶人作汽车方向调整，减轻打转向盘的用力强度，从而发展出了助力转向系统，经历了机械式转向系统（MS）、液压助力转向系统（HPS）、电控液压动力转向系统（EHPS）和电动助力转向系统（EPS）几个阶段。目前，乘用车上以 EPS 为主流，商用车上以 HPS 为主流。展望未来，在智能驾驶时代将更为侧重开发软件层面的高级功能，包括车道保持、主动转向提示、自动泊车、车道偏离预警、自动避让等，实现从"助力"向"智能"升级的过程，行业的技术壁垒也将进一步提高，对 EPS 的技术和冗余要求也将进一步提升，特别是在 L4 级阶段，线控形式的 EPS 将有望成为主流。

线控转向系统（SBW）以电子方式传输转向指令至执行器来进行转向动作，即双模自动驾驶汽车上，采用人工驾驶模式时，把驾驶人转动转向盘的角度，经过传感器发送给ECU，ECU 处理后将电子指令直接发送给转向机，转向机根据指令要求转动车轮。

SBW 的发展与 EPS 一脉相承，其所用到的关键部件在 EPS 中一样有应用由于取消了转向盘和转向执行机构之间的机械连接，SBW 系统相对于 EPS 需要有冗余功能。SBW改善了驾驶特性并增强了操纵性，且具备舒适性好、响应速度快、安全性高、与车道保持辅助等辅助驾驶功能配合更好的优点。线控转向很好地满足了汽车智能化对车辆转向系统在控制精确度、可靠性等方面的更高要求，将成为未来智能网联汽车转向系统的主流趋势。

2. 线控转向系统分类

目前，能适应智能网联汽车转向系统要求的主要有电动助力转向系统（EPS）和线控转向系统（SBW）。

（1）电动助力转向系统（EPS）

电动助力转向系统（EPS）的结构如图 2-2 所示，在转向盘转动时，转矩传感器将转动信号传到控制单元，控制单元通过计算并控制转向电机输出合适的转速和转矩，再经减速机构降转速提转矩后推动转向拉杆，提供转向助力。

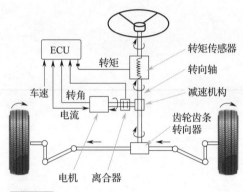

图 2-2 电动助力转向系统（EPS）的结构

EPS 的主要优点是设计和构造简便，助力与发动机转速无关，能够让转向盘在低速时更轻盈，高速时更稳定。它的缺点是需要长期保留机械装置，以保证冗余度，否则万一电子设备失效容易造成不良后果。

此外，根据辅助电机的位置不同，有 3 种形式的 EPS，分别是柱辅助型（C-EPS），齿轮辅助型（P-EPS）和齿条辅助型（R-EPS），如图 2-3 所示。

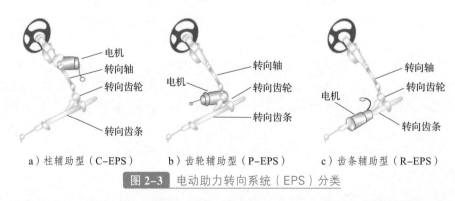

a）柱辅助型（C-EPS）　　b）齿轮辅助型（P-EPS）　　c）齿条辅助型（R-EPS）

图 2-3 电动助力转向系统（EPS）分类

1）柱辅助型（C-EPS）。柱辅助型（C-EPS）的助力电机安装于转向管柱上，在转向管柱下面连接的是一个机械式的转向机，电机助力转矩作用于转向管柱上，如图 2-3a 所示。C-EPS 系统的优点是结构紧凑，其电机、减速机构、传感器及控制器等为一体化设计，布置在驾驶舱内，工作环境较好，不占用发动机舱的空间，方便发动机舱布置，成本较低。缺点是驱动电机的助力要通过转向管柱和转向齿轮传递到转向机上，转向管柱部件受力较大，可提供的助力大小受到限制。另外，由于电机和减速机构布置在驾驶舱内，更容易引起驾驶舱内产生噪声；由于减速机构等安装在转向盘上，不利于转向轴的吸能结构设计。因此，C-EPS 仅适用于中小型乘用车。

2）齿轮辅助型（P-EPS）。齿轮辅助型（P-EPS）助力电机和减速机构布置在转向齿轮上，驱动电机的输出力矩通过蜗轮蜗杆减速机构传递到转向齿轮上，如图 2-3b 所示。P-EPS 助力转矩直接作用于转向齿轮上，因此可以提供较大的转向助力，助力效果较为迅速准确。助力电机和减速机构布置在发动机舱内，有利于降低驾驶舱噪声水平。P-EPS 的缺点是其电机和传感器等部件安装在发动机舱，器件的耐热与防水等使用环境要求高，成本较高。因此，P-EPS 适用于需求助力较大的中型乘用车。

3）齿条辅助型（R-EPS）。齿条辅助型（R-EPS）助力电机和减速机构布置在转向齿条上，电机助力转矩作用于转向齿条上，如图 2-3c 所示。R-EPS 助力转矩直接作用于转向齿条上，因此可以提供更大的转向助力，助力效果也最为迅速准确。助力电机和减速机构布置在发动机舱内，有利于降低驾驶舱噪声水平。R-EPS 的缺点是其电机和传感器等部件安装在发动机舱内，器件的耐热与防水等使用环境要求高，成本较高。因此，R-EPS 适用于需求助力较大的大中型乘用车。

（2）线控转向系统（SBW）

线控转向系统（SBW）的结构如图 2-4 所示，它使用传感器获得转向盘旋转角数据，ECU 将参数折算为具体的驱动力数据，用电机推动转向机转动车轮。

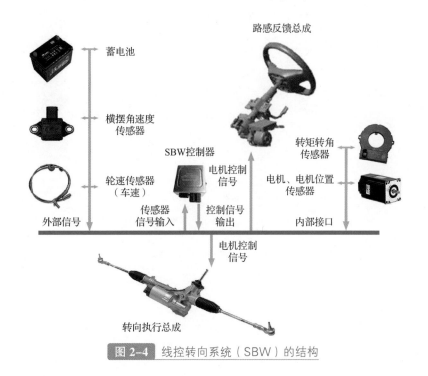

图 2-4　线控转向系统（SBW）的结构

线控转向系统摆脱了传统转向的各种限制，不但可以设计汽车转向的力传递特性，而且可以设计汽车转向的角传递特性，给汽车的转向特性设计带来更大的可发挥空间，更方便与自动驾驶系统的其他子系统（如感知、动力、底盘等）实现集成，在改善汽车主动安全性能、驾驶特性、操纵性以及驾驶人路感方面具有优势，是智能网联汽车实现路径跟踪与避障、避险所必须的关键技术。

2.1.2 线控转向系统结构与工作原理

1. 电动助力转向系统（EPS）结构与工作原理

（1）电动助力转向系统（EPS）结构

EPS 由检测驾驶人的转向操作转矩的转矩传感器、根据转矩信号计算助力转矩并控制电机驱动的电子控制单元（ECU）、产生助力的电机、使电机驱动力传递至转向机构的减速器等组成，如图 2-5 所示。

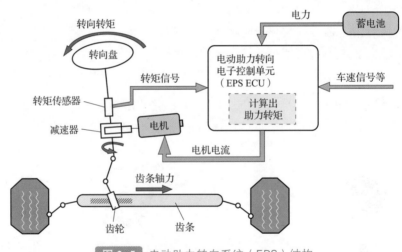

图 2-5 电动助力转向系统（EPS）结构

（2）电动助力转向系统（EPS）工作原理

如图 2-5 所示，汽车在转向时，转矩传感器会"感觉"到转向盘的转矩和转动方向，这些信号通过信号线发给电动助力转向电子控制单元，电动助力转向电子控制单元根据转矩、转动方向等数据信号，向电机控制器发出动作指令，电机就会根据具体的需要输出相应大小的转动力矩，从而产生助力转向。

2. 线控转向系统（SBW）结构与工作原理

（1）线控转向系统（SBW）结构

线控转向系统主要由转向盘模块、前轮转向模块、SBW 控制器（ECU）三个主要部分，以及自动防故障系统、电源等辅助系统组成，如图 2-6 所示。

1）前轮转向模块。前轮转向模块包括前轮位移传感器、转向执行电机、前轮转向组件等。它的功能是将测得的前轮转角信号反馈给主控制器，并接受主控制器的命令，控制转向执行电机完成所要求的前轮转角，人工驾驶模式时，实现驾驶人的转向意图。

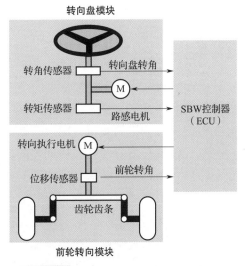

图 2-6　线控转向系统（SBW）结构

2）主控制器。主控制器对采集的信号进行分析处理，判别汽车的运动状态，向转向盘路感电机和转向执行电机发送命令，控制两个电机协调工作。人工驾驶模式时，主控制器还可以对驾驶人的操作指令进行识别，判定在当前状态下驾驶人的转向操作是否合理。当汽车处于非稳定状态或驾驶人发出错误指令时，前轮线控转向系统将自动进行稳定控制或将驾驶人错误的转向操作屏蔽，以合理的方式自动驾驶车辆，使汽车尽快恢复到稳定状态。

3）转向盘模块。转向盘模块包括转向盘组件、转向盘转角传感器、转矩传感器、转向盘路感电机。人工驾驶模式时，其主要功能是将驾驶人的转向意图（通过测量转向盘转角）转换成数字信号，并传递给主控制器，同时主控制器向转向盘路感电机发送控制信号，产生转向盘的反馈力矩，以提供给驾驶人相应的路感信息。

4）自动防故障系统。自动防故障系统是线控转向系统的重要模块，它包括一系列的监控和实施算法，针对不同的故障形式和故障等级做出相应的处理，以求最大限度地保持汽车的正常行驶。线控转向技术采用严密的故障检测和处理逻辑，以最大限度地提高汽车安全性能。

5）电源系统。电源系统承担着控制器、两个执行电机以及其他车用电器的供电任务，其中仅前轮转角执行电机的最大功率就有 500~800W，加上汽车上的其他电子设备，电源的负担已经相当沉重。所以要保证电网在大负荷下稳定工作，电源的性能就显得十分重要。

其中线控转向系统关键部件的功用如下：

① 转矩传感器的功用是测量驾驶人作用在转向盘上的力矩大小和方向。

② 转角传感器的功用是测量驾驶人作用在转向盘的转角大小和方向。

③ 路感电机的功用是根据 ECU 的指令输出适当的转矩，模拟、产生转向盘的反馈力矩，以提供驾驶人相应的路感信息。

④ 转向执行电机的功用是根据 ECU 的指令控制转向电机，实现转向轮的转角。

⑤ ECU 是线控转向系统中最关键的部分，决定着线控转向系统的控制效果，包括输入处理电路、微处理器、输出电路和电源电路等。对各类传感器所采集的信号进行分析处

理，然后向路感电机和转向执行电机发出指令，对 2 个电机电压或电流进行实时控制，以实现线控转向功能。

（2）线控转向系统（SBW）工作原理

线控转向系统的工作原理如图 2-7 所示，人工驾驶模式时，当转向盘转动时，转矩传感器和转角传感器将测量到的转向盘转矩和转向盘转角转变成电信号输入到 ECU，ECU 控制转向执行电机的旋转方向、转矩大小和旋转角度，通过机械转向装置控制转向轮的转向位置，使汽车沿着驾驶人所期望的轨迹行驶。同时，汽车行驶的转速、转角等信息，通过位移传感器转换成电信号反馈给 ECU，进而驱动路感电机，反馈给驾驶人一定的转向盘力矩，来模拟路感。

当选用自动驾驶模式时，驾驶人转动转向盘的人工驾驶操作，将变为计算平台向 VCU 发送转向意图的自动驾驶操作，即计算平台根据接收的环境感知传感器的信号、预置的行驶轨迹等，判断汽车的行驶方向，通过 CAN 总线发送给 VCU，VCU 经计算再通过 CAN 总线发送给线控转向系统 ECU，进而控制汽车进行转向。

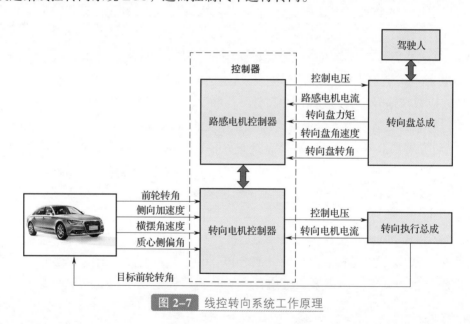

图 2-7 线控转向系统工作原理

2.1.3 线控转向系统特点

由于线控转向系统中的转向盘和转向轮之间没有机械连接，是断开的，通过总线传输必要的信息具有如下优点。

1. 安全

线控转向系统去除了转向柱等机械连接，完全避免了撞车事故中转向柱对驾驶人的伤害；智能化的 ECU 根据汽车的行驶状态判断驾驶人的操作是否合理，并做出相应的调整；

当汽车处于极限工况时，能够自动对汽车进行稳定控制。

2. 舒适

驾驶人的腿部活动空间和汽车底盘的空间明显增大。

3. 经济

线控转向系统去除转向柱等机械连接，减轻了转向机械结构约 5kg 的质量，降低了汽车零部件的制造成本，改善了整车功耗。

4. 控制系统一体化

通过控制器和汽车总线的连接，可以实现汽车动态控制系统和汽车平顺性控制系统，以及其他的控制单元通信联系，为集成控制一体化提供了条件。

5. 操纵稳定性能好

线控转向系统改善了传统汽车所不能解决的汽车转向过程中转向力和转向响应时间的矛盾，使得转向系统和转向盘同步工作，控制更加灵敏；具有变传动比特点的线控转向系统，克服了传统的转向角传动比的固定所带来的，转向特性随着汽车行驶姿态的不同而变化的缺点；通过优化控制稳定性因数，可提高整车的操纵稳定性。

6. 个性化的设置

可以根据驾驶人的要求设置转向传动比和转向盘反馈力矩，以满足不同年龄阶段的驾驶人的要求，并适应不同的驾驶环境以及与转向相关的驾驶行为，这些都可以通过软件来设置与实现。

线控转向系统还具有如下缺点：

① 需要较高功率的力反馈电机和转向执行电机。
② 需要实现复杂的力反馈电机和转向执行电机算法。
③ 对性能车和跑车这种强调驾驶乐趣的车型来说路感不足，驾驶乐趣变差。

2.1.4　线控转向系统典型车型应用

线控转向系统是 20 世纪 70 年代美国航空航天局，为控制高空、高速飞行器而开发的智能操纵技术，因其敏捷、安全，目前该技术已是航空航天器的主流操纵技术。而英菲尼迪历经多年研发的 DAS 线控主动转向则是首个适用于量产汽车（英菲尼迪 Q50，如图 2-8 所示）的数字电传操纵技术成果。

百度 Apollo 样车、英伟达 BB8 等均以林肯 MKZ 的量产车为载体加装智能设备，如图 2-9 所示，其线控转向系统转向方式采用的是电动助力转向系统（EPS），通过 CAN 总线协议通信在线控制，从而实现转向系统实时控制。

图 2-8 英菲尼迪 Q50 汽车线控主动转向
系统的结构

图 2-9 林肯 MKZ 量产车加装智能设备

长安汽车公司以长安 CX30 为平台，将传统的液压转向系统改装为线控转向（SBW）系统，是国内第一辆装备 SBW 系统并进行了场地试验的乘用车，如图 2-10 所示。系统采用了自主开发的转向盘模块、转向执行模块以及 SBW 控制器，实现了转向盘与转向车轮间转矩与位置的耦合控制，具有可变的转向系统角传动比和力传

图 2-10 长安汽车装有 SBW 系统

动比特性，这些特性可以根据驾驶人的不同需求，通过软件进行在线调整。

 知识拓展

2.1.5 线控四轮转向系统介绍

1. 线控四轮转向系统定义

在前轮设置转向装置的基础上，后轮也设置有转向装置，利用车辆行驶中的某些信息来控制后轮的转角输入，以提高车辆的操纵性和稳定性，此种转向系统称为四轮转向系统（4WS）。四轮转向系统可以缩短车辆转向动作过程，缩短车辆最小转弯半径，改善车辆的转向性能，提高车辆转向时的稳定性。

2. 线控四轮转向系统结构组成

如图 2-11 所示，汽车线控四轮转向系统的结构主要由转向电机、转向轮、转向主销、转向横拉杆、车体状态传感器、线位移传感器、ECU、电磁施力器、转角转矩传感器、减速器、转向盘等组成。

（1）路感反馈模块

由于转向盘和转向轮之间没有机械连接，路面的不平冲击不会传到转向盘上，同时驾驶人也缺少对车辆行驶状态和路况的把握，这会降低汽车的行驶安全性。所以，反馈恰当的转向盘转向阻力来给驾驶人提供相应的路感很重要。

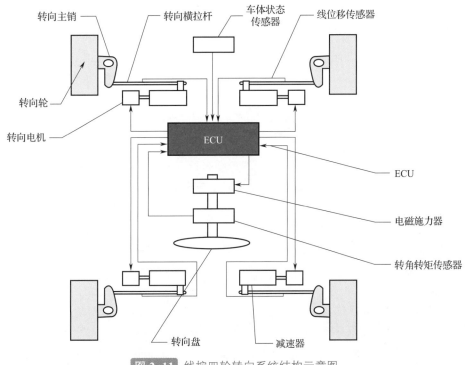

图 2-11　线控四轮转向系统结构示意图

　　路感反馈模块的主要作用是给驾驶人提供路感信息。路感反馈模块包括控制器和动力元件。控制器用来接收电子控制单元的指令；动力元件根据电控单元的指令向转向轴施加一定的转矩。目前，常用的动力元件有电磁施力器和路感模拟电机。

　　电磁施力器由固定在转向轴上的环形永久磁铁及导条等组成，导条固定安装在车身上，电磁施力器结构如图 2-12 所示。在汽车转向过程中，转向轮随着路况和车体运动状态的改变所受到的转向阻力矩也发生改变。电控单元根据转向轮阻力矩的方向确定施加在电磁施力器上的电流方向，根据转向轮阻力矩的大小来确定对其施加电流的大小，以此产生转向盘阻力矩来向驾驶人反馈信息。

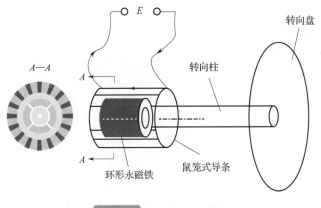

图 2-12　电磁施力器结构

（2）转向执行机构

转向执行机构接收到来自电子控制单元的转向指令，根据指令控制转向轮转向。执行机构的主要硬件由转向控制单元、转向电机和转向传动机构组成，这是整个系统的动作部分，如图2-13所示。

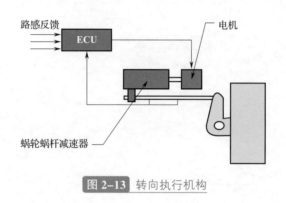

图 2-13 转向执行机构

3. 线控四轮转向系统工作原理

图2-14是线控四轮转向系统的工作原理图。当处于人工驾驶模式时，驾驶人根据需要操纵转向盘转向时，转向盘转角、转矩传感器将驾驶人的转向操作转换成电信号传递给电子控制单元。电子控制单元接受转向盘信号，同时接受当前由速度、加速度传感器等其他传感器测得的车体状态信息，再根据相应的控制策略来控制四个转向电机，通过转向传动机构来控制四个车轮做出合理的转向动作。在齿轮齿条传动机构上装有线位移传感器，利用齿条的位移量来反映转向车轮转角的大小。当车轮转角达到预定的值时，电子控制单元则切断转向电机的电源，使转向轮的转角保持不变。由于转向传动机构中设置了蜗轮蜗杆传动机构，不能逆向传动，因此转向轮保持预定的转角。当再次转动转向盘时，重复上述控制过程，使转向轮转角随驾驶人的操纵而变化。同时，电子控制单元根据所接收的信号控制电磁施力器，在转向轴上施加一定方向和大小的力矩来模拟生成相应的路感，以便向驾驶人传递相关的路况和车体状态信息。

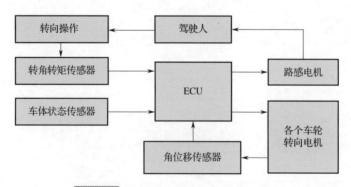

图 2-14 线控四轮转向系统工作原理图

技能实训

一、实训规则

1. 目的

为了规范实训教学，保证学生的安全，为实训教学提供一个良好的学习环境，使实训教学有组织、有纪律、高质量地进行，特制定本规则。

2. 规则

（1）学生实训前必须将劳保用品穿戴整齐，做好准备工作准时上课。

（2）学生不得擅自离开实训岗位、实训场所。有事要请假，返回岗位时应向教师报告，进行销假，未经实训教师允许不得调换岗位和设备，更不允许乱动设备。

（3）学生必须严格遵守安全技术操作规程。

（4）认真学习，虚心接受实训教师的指导，按时按课题完成实训任务，确保实训质量，不断提高操作技能技巧。

（5）爱护公共设施和设备、工具、材料等，不准做私活，更不允许私拿公物，如丢失和损坏，按照相关制度赔偿。

（6）学生进入实训场地，不准嬉笑打闹，更不允许动用实训工具、材料打闹，要做到文明礼貌。

（7）学生在实训中，要按照学校安排积极参加建校劳动和生产劳动。

（8）学生在实训场地和教室要做到"六无"，即无烟头、无碎纸、无痰迹、无饭菜、无瓜果皮核、无乱写乱画。

（9）下课前将自己所用的设备、工具、材料整理并归位，清理卫生，切断电源，经实训教师同意后方可离开实训场所。

二、实训注意事项

（1）在对线控转向系统进行拆装前时，需要佩戴棉线防护手套，以保护师生的手部，防止刮伤。

（2）在使用万用表对线控转向系统进行故障检查时，测量档位及量程一定要选对，否则影响测量结果。

（3）在使用诊断仪测量线控转向系统故障码和数据流时，一定要将车辆起动开关置于 ON 档或起动档状态。

（4）在使用扳手拆装线控转向系统螺栓时，切记要选择合适大小的扳手，否则容易造成螺栓棱角损坏，难以拆卸，螺栓不能再继续使用。

（5）在安装与助力转向电机相连接的传动蜗杆时，需要提前涂抹润滑脂，以便于传动。

（6）转向系统安装时还应注意转向螺旋电缆的安装，首先确定转向盘的旋转圈数，先向左/右转至极位，再回转至总圈数的一半，即为螺旋电缆的旋转中间安装位置。

（7）拆下来的安全气囊为了放置安全，不应使装饰盖面朝下放置在桌面或地面上。

（8）转向系统装配后，还应进行转向零位学习、四轮定位操作后，才能上路行驶。

2.1.6 线控转向系统组装

工作页 2-1 "线控转向系统组装"工作页					
所在组组名			学生姓名		
完成时间	45min	技术技能等级	中	危险度等级	低

操作设备说明

本书中线控转向系统组装任务以智能网联汽车底盘线控实验实训台为载体，开展针对线控转向、线控制动、线控驱动的实训，完成工作原理认知、通信及协议认知、装配调试与故障检测等理实一体化教学。

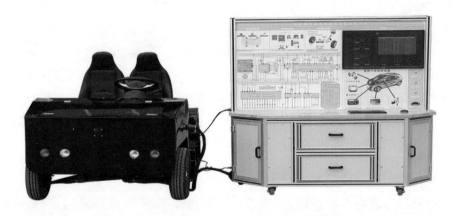

1. 任务准备

◇ 操作设备：底盘线控系统测试装调实验实训台。

◇ 工具/仪器：常用拆装工具套装、大螺钉旋具套装、小螺钉旋具套装。

◇ 人员分工：组长1名，记录人员2名，检验人员2名，操作人员若干，以上人选角色可通过选举、抽签及教师指定方式等来担任，通过多个任务的训练，争取让每个学生轮流担任每个角色，最终能够提升学生自身综合能力。

◇ 实训场地：智能网联汽车线控技术实训室。

2. 任务实施

参照以下操作步骤进行线控转向系统组装技能训练。

步骤	图示
第一步 将传动蜗杆装入安装位置，安装蜗杆固定垫片，安装固定螺栓，并按规定力矩紧固螺栓。	
第二步 安装转矩转角传感器线束插接器，安装两端外罩壳，安装固定螺栓，并按规定力矩拧紧。	
第三步 安装转矩转角传感器线束外罩壳固定板。	
第四步 安装助力转向电机总成，安装固定螺栓，并按规定力矩拧紧。	
第五步 将转向控制器的集成电路板装到下壳体支架上，并安装固定螺栓，按规定力矩拧紧。	

步骤	图示
第六步 将上壳体装入下壳体，并按下锁止卡扣，使上下壳体紧密结合在一起。	
第七步 连接转向电机与控制器之间的线束插接器。	

3. 任务评价

完成实训任务后，对任务完成情况进行评价。

2.1.7 线控转向系统拆装

工作页 2-2 "线控转向系统拆装"工作页					
所在组组名			学生姓名		
完成时间	45min	技术技能等级	中	危险度等级	中

操作设备说明

本书中线控转向系统拆装任务以智能网联教学车为载体，开展针对线控转向、线控制动、线控驱动的实训，完成工作原理认知、系统装配、功能调试、教学车测试的理实一体化培训教学。

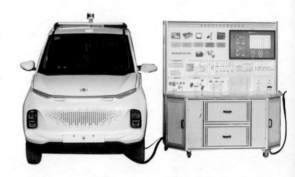

1. 任务准备

◇ 操作设备：智能网联教学车。

◇ 工具/仪器：常用拆装工具套装、螺钉旋具套装、球头拆卸器、钳子、锤子、轮胎拆装工具等。

◇ 人员分工：组长 1 名，记录人员 2 名，检验人员 2 名，操作人员若干，以上人选角色可通过选举、抽签及教师指定等方式来担任，通过多个任务的训练，争取让每个学生轮流担任每个角色，最终能够提升学生自身综合能力。

◇ 实训场地：智能网联汽车线控技术实训室。

2. 任务实施

参照以下操作步骤进行线控转向系统拆装技能训练。

拆装前防护	
步骤	图示
做好个人防护，维修人员需穿着防护手套。	
整车防护，车内部需铺上转向盘套、座椅套和脚垫。车外部需铺上格栅和翼子板防护。	

线控转向系统整车拆卸	
步骤	图示
第一步 断开蓄电池负极，然后等待 2min。	
第二步 拆卸安全气囊，分离安全气囊插接器，然后分离喇叭插接器，并将安全气囊取出。 （注意）分离安全气囊前，需去除手上静电，拆卸后的安全气囊必须正面向上摆放。	

步骤	图示
第三步 确定轮胎朝向正前方，拆卸转向盘固定螺母，并将转向盘取下。	
第四步 拆卸转向管柱上下装饰板固定螺栓，并将上下装饰板取下。	
第五步 分离安全气囊螺旋电缆插接器。	
第六步 分离灯光和刮水器线束的插接器。	
第七步 拆卸灯光和刮水器组合开关固定螺栓，并将组合开关取下。	
第八步 分离点火开关插接器。	

步骤	图示
第九步 拆卸点火开关固定螺栓，并将开关取下。	
第十步 拆卸线控转向系统的控制器固定螺栓，然后分离控制器上所有插接器，并将控制器取出。 (注意) 先分离供电插接器。	
第十一步 拆卸转向管柱的 4 颗固定螺栓，并将管柱取下。	
第十二步 拆卸助力转向电机至万向传动轴一端的紧固螺栓，并将电机取下。	
第十三步 拆卸万向传动轴至转向器花键上的固定螺栓，并将传动轴取下。	
第十四步 利用轮胎与地面的附着力，按对角线分别松开两前轮胎固定螺栓。	

步骤	图示
第十五步 操作举升机，将车辆举升到彻底离开地面位置，按对角线拆卸两前轮胎螺栓，分别将两前轮胎取下。	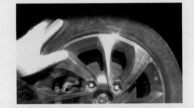
第十六步 用尖嘴钳分别拆卸两侧螺栓锁紧销，然后分别拆卸两侧转向横拉杆球头固定螺母。	
第十七步 操作举升机举升车辆至合适位置，分别拆卸转向器左、右两个固定卡箍的锁紧螺栓，并将卡箍取下。	
第十八步 将转向器取出。 至此，线控转向系统整车拆卸完成。	

线控转向系统整车装配	
步骤	图示
第一步 将转向器放至安装位置。	
第二步 安装转向器的左、右两个固定卡箍，并安装锁紧螺栓。	

步骤	图示
第三步 安装转向横拉杆球头，然后安装固定螺母，并用尖嘴钳安装螺栓锁紧销。	
第四步 操作举升机下降车辆至合适位置，安装两前轮胎，先用手带上轮胎螺栓，然后按对角线用轮胎拆装工具进行预紧。	
第五步 操作举升机，降下车辆至地面。	
第六步 利用地面的附着力固定轮胎，依对角线按规定力矩拧紧。	
第七步 在驾驶室处，将万向传动轴安装至转向器花键上，安装固定螺栓，并按规定力矩拧紧。	
第八步 将助力转向电机安装至万向传动轴另一端，安装固定螺栓，并按规定力矩拧紧。	

步骤	图示
第九步 将转向管柱上端安装孔对准防火墙支架孔，安装转向管柱 4 颗固定螺栓，并按规定力矩拧紧。	
第十步 接下来安装线控转向系统的控制器，控制器安装在主驾驶仪表台内部，首先连接控制器上所有插接器，再将控制器放入安装位置，安装固定螺栓，并按规定力矩拧紧。 （注意）最后安装供电插接器。	
第十一步 先将点火开关放至转向管柱，然后安装固定螺栓，并按规定力矩拧紧。	
第十二步 连接点火开关插接器。	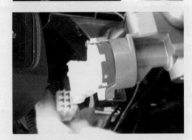
第十三步 安装灯光和刮水器组合开关，用十字螺钉旋具安装固定螺栓。	
第十四步 连接灯光和刮水器线束插接器。	

步骤	图示
第十五步 安装安全气囊螺旋电缆及其插接器。	
第十六步 安装转向管柱上下装饰板，并用十字螺钉旋具固定螺栓。	
第十七步 安装转向盘前，需确定螺旋电缆旋转圈数的中间位置，方法为将安全气囊螺旋电缆向左旋转至极限位置，然后摆正螺旋电缆，向回旋转 3 圈，即是中间位置。	
第十八步 确定轮胎朝向正前方，将转向盘放至转向管柱，安装固定螺母，并按规定力矩拧紧。	
第十九步 连接安全气囊插接器，然后连接喇叭插接器，将气囊装入转向盘。	

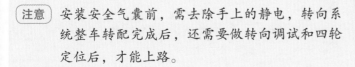 注意　安装安全气囊前，需去除手上的静电，转向系统整车转配完成后，还需要做转向调试和四轮定位后，才能上路。

步骤	图示
第二十步 安装蓄电池负极，并按规定力矩紧固。 至此，线控转向系统整车安装完成，可撤除车外及车内防护。	

3. 任务评价

完成实训任务后，对任务完成情况进行评价。

任务二　智能网联汽车线控转向系统调试

任务目标

◇ 掌握线控转向系统的通信原理。

◇ 能够将调试数据解析成 CAN 报文，完成 EPS 调试。

◇ 能够根据当前 EPS-ECU 反馈的信息，计算出 EPS-ECU 向 VCU 发送的 CAN 报文。

情境导入

小李是一名底盘线控系统调试员，正在调试一辆智能网联汽车的 EPS，需要分别调试汽车的转向盘中点位置、转向盘的旋转角度以及转向系统的状态（工作和停止），假定小李在调试时，依次设定了当前位置为转向盘中点、转向盘逆时针旋转 160°、转向盘顺时针旋转 160°。

小李设置完参数后，查看调试界面上显示 EPS 反馈的报文为"010CFE8819001E00"，小李通过对该报文进行解析，得知 EPS-ECU 处于工作模式、温度为 30℃ 且无任何故障，转向盘顺时针旋转了 500°，电机电流为 59A。

小李是如何通过 CAN 报文调试 EPS 的呢？又是如何解析 EPS 反馈的报文得到 EPS 状态的呢？接下来我们带着这两个问题开始本任务的学习吧。

2.2.1 线控转向系统通信原理

线控转向系统的通信主要存在于 VCU 与 EPS-ECU 之间，包括 VCU 向 EPS-ECU 发送的转向指令以及 EPS-ECU 向 VCU 发送的转向角度、电机电流及 ECU 温度等反馈信息。VCU 与 EPS-ECU 之间的通信波特率为 500kbit/s，报文采用 Motorola 格式，帧格式为标准帧。

1. VCU 向 EPS-ECU 发送 CAN 报文协议

VCU 向 EPS-ECU 发送 CAN 报文的协议见表 2-1，报文 ID 为 0x314，报文周期为 100ms，报文长度为 8 字节。

> **？ 问一问**
>
> 为什么报文长度为 8 个字节？
> 一条 CAN 报文中的数据段一般为 8 个字节。

1）Byte0 用来设置 EPS-ECU 的状态，其中 bit0 可设置 ECU 的工作与停止，当 bit0=1，ECU 进入工作模式，当 bit0=0 时，ECU 进入停止模式；bit2 可设置转向盘的中点位置，当 bit2=1 时，ECU 标定当前位置为角度中点，即 0 角度（该命令生效的前提是 bit0=0），当 bit2=0 时，该命令失效；Byte0 的其余 6 位为预留位，默认都为 0。

2）Byte1~Byte2 用来设置转向盘旋转的角度，转向盘旋转角度范围为 –720°~+720°，逆时针旋转为正，顺时针旋转为负，其中 0° 为对应中点位置，举两个例子进行说明：转向盘逆时针旋转 80°，数值 80 换算成两字节 16 进制数为 0x0050，由于 Byte1 为低字节，Byte2 高字节，则 Byte1=0x50，Byte2=0x00，因此 Byte1~Byte2=0x5000；转向盘顺时针旋转 80°，需先将数值 80 进行转换，即 16^4–80=65456，数值 65456 换算成两字节 16 进制数，为 0xFFB0，同理根据 Byte1 和 Byte2 的字节高低情况，得 Byte1~Byte2=0xB0FF。

> **？ 问一问**
>
> 在单个信号跨字节时，请问怎么区分高低字节？
> Motorola 格式大字节在前，小字节在后；Intel 格式小字节在前，大字节在后。
> 2^{16}=65536，即文中的 16^4 是什么？
> 表示 16 位二进制（两字节）能表示的最大数值。
> 16 进制如何表示负数？
> 将 "二进制能表示的最大数值 - 负数绝对值" 得到的 10 进制值变换成 16 进制值，即为负数的 16 进制表示。

3）Byte3~Byte7 都为预留字节，默认都为 0x00。

当在调试时，只需调试 EPS 的部分数据时，CAN 报文中未涉及的字节默认为 0x00、未涉及的位默认为 0 即可。

表 2-1　VCU 向 EPS-ECU 发送 CAN 报文的协议（ID：0x314，周期：100ms）

字节		定义	格式
Byte0	bit0	1- 工作；0- 停止	bit0=1，ECU 进入工作模式；bit0=0，ECU 进入停止模式
	bit1	预留	bit1=0（默认）
	bit2	1- 设置当前位置为"中位"；0- 该命令失效	bit2=1，ECU 标定当前位置为角度中点，即 0 角度（bit2 生效的时候 bit0=0，即 Byte0=0x04）
	bit3	预留	bit3=0（默认）
	bit4~bit7	预留	bit4~bit7=0（默认）
Byte1	低字节	角度控制	角度旋转到当前数值对应的角度（-720°~ +720°），逆时针旋转为正，顺时针旋转为负，0° 为对应中点位置
Byte2	高字节		
Byte3~Byte7		预留	\

2. EPS-ECU 向 VCU 发送 CAN 报文协议

EPS-ECU 向 VCU 发送 CAN 报文的协议见表 2-2，报文 ID 为 0x18F，报文周期为 100ms，报文长度为 8 字节：

1）Byte0 用来反馈 EPS-ECU 当前的状态。其中 bit0 显示 ECU 的工作与停止状态，当 bit0=1 时，ECU 当前为工作模式，当 bit0=0 时，ECU 当前为停止模式；bit1 显示 ECU 驱动部分的状态，当 bit1=1 时，ECU 驱动部分烧毁，当 bit1=0 时，ECU 驱动部分正常；bit2 显示 ECU 是否检测到故障，当 bit2=1 时，ECU 检测到故障，当 bit2=0 时，ECU 未检测到故障；bit3 显示是否检测到 ECU 温度过高，当 bit3=1 时，ECU 检测到 ECU 温度过高（ECU 温度 ≥ 90℃时，为温度过高），当 bit3=0 时，ECU 未检测到 ECU 温度过高；Byte0 的其余 4 位为预留位，默认都为 0。

2）Byte1~Byte2 用来反馈当前转向盘旋转的角度，转向盘旋转角度范围为 -720°~ +720°，逆时针旋转为正，顺时针选择为负，其中 0° 为对应中点位置。举两个例子进行说明：当前 EPS 向 VCU 反馈的报文中 Byte1~Byte2=0x5000，进行高低字节变换后，得到 EPS 反馈角度的 16 进制值为 0x0050，换算成十进制值为 80，80 在转向盘最大的旋转角度数值 720 以内，可知转向盘为逆时针旋转，即当前转向盘逆时针旋转了 80°；当前 EPS 向 VCU 反馈的报文中 Byte1~Byte2=0xB0FF，进行高低字节变换后，得到 EPS 反馈角度的 16 进制值为 0xFFB0，换算成十进制值为 65450，65450 大于转向盘最大的旋转角度数值

720，可知转向盘为顺时针旋转，还需再次进行计算，即 16^4-65450=80，表示当前转向盘顺时针旋转了 80°。

3）Byte3~Byte4 用来反馈当前 EPS 电机电流，有效范围为 -60~+60A，偏移量为 0，精度为 0.001A，逆时针旋转为正，顺时针选择为负。举两个例子进行说明：当前转向盘为逆时针旋转，EPS 向 VCU 反馈的报文中 Byte3~Byte4=0x50C3，进行高低字节变换后，得到 EPS 反馈电机电流的 16 进制值为 0xC350，换算成十进制值为 50000，表示当前 EPS 电机电流为 50000×0.001A=50A；当前转向盘为顺时针旋转，EPS 向 VCU 反馈的报文中 Byte3~Byte4=0xB03C，进行高低字节变换后，得到 EPS 反馈电机电流的 16 进制值为 0x3CB0，由于转向盘是顺时针旋转，需先将数值 15536 进行转换，即 16^4-15536=50000，表示当前 EPS 电机电流为 50000×0.001A=50A。一般情况下，根据一条 EPS 反馈的报文，需先解析 Byte1~Byte2 两字节，得到转向盘的旋转方向后，再计算 EPS 的电机电流。

4）Byte6 用来反馈当前 EPS-ECU 温度，ECU 温度范围为 0~120℃，偏移量为 0，精度为 1℃。举个例子进行说明：当前 EPS 向 VCU 反馈的报文中 Byte6=0x27，换算成十进制值为 39，表示当前 EPS-ECU 的温度为 39℃。

5）Byte5 和 Byte7 为预留字节，默认 Byte5=0x00，Byte7=0x00。

表 2-2　EPS-ECU 向 VCU 发送 CAN 报文的协议（ID：0x18F，周期：100ms）

字节		定义	格式
Byte0	bit0	1- 工作；0- 停止	bit0=1，ECU 当前为工作模式；bit0=0，ECU 当前为停止模式
	bit1	驱动部分状态	bit1=1，ECU 驱动部分烧毁；bit1=0，ECU 驱动部分正常
	bit2	故障检测状态	bit2=1，ECU 检测到故障；bit2=0，ECU 未检测到故障
	bit3	ECU 温度状态	bit3=1，ECU 检测到 ECU 温度过高（≥90℃）；bit3=0，ECU 未检测到 ECU 温度过高
	bit4~bit7	预留	\
Byte1	低字节	角度	角度旋转到当前数值对应的角度（-720°~+720°），0° 为对应中点位置，偏移量为 0
Byte2	高字节		
Byte3	低字节	电机电流	有效范围为 -60~+60A，偏移量为 0，精度为 0.001A
Byte4	高字节		
Byte5		预留	0x00（默认）
Byte6		ECU 温度	0 到 120℃，偏移量为 0，精度为 1℃
Byte7		预留	0x00（默认）

技能实训

一、实训规则

1. 目的

为了规范实训教学，保证学生的安全，为实训教学提供一个良好的学习环境，使实训教学有组织、有纪律、高质量地进行，特制定本规则。

2. 规则

（1）学生实训前必须将劳保用品穿戴整齐，做好准备工作准时上课。

（2）学生不得擅自离开实训岗位、实训场所。有事要请假，返回岗位时应向教师报告，进行销假，未经实训教师允许不得调换岗位和设备，更不允许乱动设备。

（3）学生必须严格遵守安全技术操作规程。

（4）认真学习，虚心接受实训老师的指导，按时按课题完成实训任务，确保实训质量，不断提高操作技能技巧。

（5）爱护公共设施和设备、工具、材料等，不准做私活，更不允许私拿公物，如丢失和损坏，按照相关制度赔偿。

（6）学生进入实训场地，不准嬉笑打闹，更不允许动用实训工具、材料打闹，要做到文明礼貌。

（7）学生在实训中要按照学校安排积极参加建校劳动和生产劳动。

（8）学生在实训场地和教室要做到"六无"，即无烟头、无碎纸、无痰迹、无饭菜、无瓜果皮核、无乱写乱画。

（9）下课前将自己所用的设备、工具、材料整理并归位，清理卫生，切断电源，经实训教师同意后方可离开实训场所。

二、实训注意事项

（1）调试底盘需要保证传感器、控制电脑等都装配正常的情况下，再对底盘进行调试。

（2）调试前连接 CAN 分析仪，大多数情况需将 CAN-H 与总线 CAN-H 相连，CAN-L 与总线 CAN-L 相连即可实现通信。

（3）CAN 设备正在主动发送数据，那么在软件界面中就会收到 CAN 数据并且设备对应通道的 CAN 灯会闪烁。

（4）CAN 设备手动发送握手协议指令，可以打开软件之后点击发送（可发送任意数据），显示发送成功说明波特率、终端电阻等通信参数设置正确，显示发送失败说明通信未成功，用户需从多方面考虑影响通信的因素。

（5）计算 CAN 报文时，需确定编码格式采用的是 Motorola 还是 Intel，这两种编码格式不同，高低字节定义方式不同，会导致计算结果不同。

（6）调试前确保千斤顶将后轮悬空，同时保证驾驶位上有一名安全员，以免出现安全事故。

（7）发送调试协议后，只有点击了停止按钮，才能进行下一项任务。

（8）通过模式开关进行人工驾驶模式和自动驾驶模式切换，进行 CAN1 调试时需将模式开关切换至人工驾驶模式，进行 CAN2 调试时需将模式开关切换至自动驾驶模式。注意：若通过 CAN1 发送调试指令是以 VCU 的身份向 EPS/EHB/MCU 发送协议，因而会干预 VCU 当前指令，为避免冲突，调试前需断开 VCU 的 CAN 总线。若通过 CAN2 发送指令时不可执行以上操作。

? 问一问

CAN1 和 CAN2 是什么意思？

由于计算平台和 VCU 间、VCU 和底盘线控系统间都是通过 CAN 总线进行通信，在本书中将计算平台和 VCU 间的 CAN 总线定义为 CAN2，将 VCU 和底盘线控系统间的 CAN 总线定义为 CAN1。

2.2.2 线控转向系统调试

工作页 2-3 "线控转向系统调试"工作页					
所在组组名			学生姓名		
完成时间	45min	技术技能等级	高	危险度等级	低

1. 任务准备

- ❖ 操作设备：底盘线控系统测试装调实验实训台。
- ❖ 工具/仪器：CAN 总线分析仪、调试电脑。
- ❖ 人员分工：组长 1 名，记录人员 2 名，检验人员 2 名，操作人员若干，以上人选角色可通过选举、抽签及教师指定等来担任，通过多个任务的训练，争取让每个学生轮流担任每个角色，最终能够提升学生自身综合能力。
- ❖ 实训场地：智能网联汽车线控技术实训室。

2. 任务实施

在前面讲解的线控转向系统通信原理的基础上，对设置转向系统中点、转向盘旋转方向和角度以及解析 EPS 反馈报文进行实训。

实训 1：VCU 向 EPS-ECU 发送 CAN 报文计算

步骤一

VCU 向 EPS-ECU 发送 CAN 报文，需选择 CAN1 发送报文，帧 ID 选择 0x314，发送周期填 100（单位为 ms），发送次数填 100，波特率选择默认的 500kbit/s，帧类型选择默认的接收所有类型。

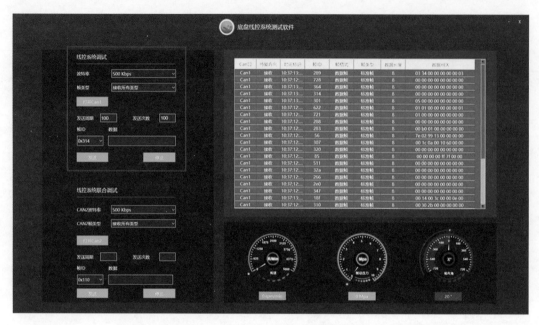

步骤二

线控系统测试，设置当前位置为转向系统中点，参照表 2-1。

字节	计算	数据
Byte0	Byte0 的 bit2 用来设置转向盘的中点，且当 bit2=1 时，ECU 标定当前位置为角度中点，而 bit2=1 在 bit0=0 时才生效，故 Byte0=0x04。	0x04
Byte1	Byte1~Byte2 用来设置转向盘旋转的角度，与转向盘中点设置无关，默认为 0x0000 即可。	0x0000
Byte2		
Byte3	Byte3 为预留字节，默认 Byte3=0x00。	0x00
Byte4	Byte4 为预留字节，默认 Byte4=0x00。	0x00
Byte5	Byte5 为预留字节，默认 Byte5=0x00。	0x00
Byte6	Byte6 为预留字节，默认 Byte6=0x00。	0x00
Byte7	Byte7 为预留字节，默认 Byte7=0x00。	0x00
报文	ID：0x314　　数据：0400000000000000	

步骤三

线控系统测试，转向盘逆时针旋转 160°，参照表 2-1。

字节	计算	数据
Byte0	转向盘旋转需 EPS 处于工作状态，Byte0 的 bit0 用来设置 EPS 的工作与停止状态，且 bit0=1 时，EPS 为工作模式，故 Byte0=0x01。	0x01
Byte1	Byte1~Byte2 用来设置转向盘旋转的角度，数值 160 换算成两字节 16 进制数为 0x00A0，由于 Byte1 为低字节，Byte2 高字节，则 Byte1=0xA0，Byte2=0x00，因此 Byte1~Byte2=0xA000。	0xA000
Byte2		

（续）

字节	计算	数据
Byte3	Byte3 为预留字节，默认 Byte3=0x00。	0x00
Byte4	Byte4 为预留字节，默认 Byte4=0x00。	0x00
Byte5	Byte5 为预留字节，默认 Byte5=0x00。	0x00
Byte6	Byte6 为预留字节，默认 Byte6=0x00。	0x00
Byte7	Byte7 为预留字节，默认 Byte7=0x00。	0x00
报文	ID：0x314　数据：01A0000000000000	

步骤四

线控系统测试，转向盘顺时针旋转 160°，参照表 2-1。

字节	计算	数据
Byte0	转向盘旋转需 EPS 处于工作状态，Byte0 的 bit0 用来设置 EPS 的工作与停止状态，且 bit0=1 时，EPS 为工作模式，故 Byte0=0x01。	0x01
Byte1	Byte1~Byte2 用来设置转向盘旋转的角度，由于顺时针旋转为负，需先将数值 160 进行转换，即 $16^4-160=65376$，数值 65376 换算成两字节 16 进制数，为 0xFF60，由于 Byte1 为低字节，Byte2 高字节，则 Byte1=0x60，Byte2=0xFF，因此 Byte1~Byte2=0x60FF。	0x60FF
Byte2		
Byte3	Byte3 为预留字节，默认 Byte3=0x00。	0x00
Byte4	Byte4 为预留字节，默认 Byte4=0x00。	0x00
Byte5	Byte5 为预留字节，默认 Byte5=0x00。	0x00
Byte6	Byte6 为预留字节，默认 Byte6=0x00。	0x00
Byte7	Byte7 为预留字节，默认 Byte7=0x00。	0x00
报文	ID：0x314　数据：0160FF0000000000	

实训 2：EPS-ECU 向 VCU 反馈的 CAN 报文计算

在调试软件上反馈回来的报文如下：

CAN 口	传输方向	时间标识	帧 ID	帧格式	帧类型	数据长度	数据 HEX
CAN1	接收	14:43:21	0x18F	数据帧	标准帧	8	010CFE8819001E00

通过解析报文，分析转向系统状态，参照表 2-2。

字节	数据	解析
Byte0	0x01	Byte0 用于反馈 EPS-ECU 的状态，0x01 表示仅字节 Byte0 的 bit0=1，其余位都为 0，解析其所代表的含义：EPS-ECU 当前为工作模式，且其驱动部分正常、未检测到故障、未检测到 ECU 温度过高。

（续）

字节	数据	解析
Byte1	0x0CFE	Byte1~Byte2 用于反馈转向盘此时旋转的角度，0x0CFE 先进行高低字节变换后为 0xFE0C，再换算成十进制值为 65036，65036 大于转向盘最大的旋转角度数值 720，可知转向盘为顺时针旋转，还需再次进行计算，即 16^4-65036=500，表示当前转向盘顺时针旋转了 500°。
Byte2		
Byte3	0x8819	Byte3~Byte4 用于反馈当前 EPS 的电机电流，0x8819 先进行高低字节变换后为 0x1988，再换算成十进制值为 6536，由前面解析 Byte1~Byte2 得知，转向盘为顺时针旋转，则数值 6536 还需再次进行计算，即 16^4-6536=59000，表示当前 EPS 电机电流为 59000×0.001A=59A。
Byte4		
Byte5	0x00	预留字节
Byte6	0x1E	Byte6 用于反馈 EPS-ECU 的温度，0x1E 换算成十进制数为 30，表示当前 EPS-ECU 温度为 30℃。
Byte7	0x00	预留字节

通过以上解析，可知转向系统状态为：ECU 处于工作模式、温度为 30℃且无任何故障，转向盘顺时针旋转了 500°，电机电流为 59A。

3. 任务评价

完成实训任务后，对任务完成情况进行评价。

任务三　智能网联汽车线控转向系统故障检修

任务目标

◇ 了解线控转向系统的关键技术。
◇ 熟悉线控转向系统的电路图。
◇ 掌握线控转向系统部件插接器的针脚定义。
◇ 能够对线控转向系统进行故障诊断与排除。

情境导入

小王刚买了一辆智能网联汽车，有天清晨乘坐智能网联汽车去上班时，自动驾驶功能不起作用，智能仪表提示转向系统有故障。假如你是一名刚通过培训的自动驾驶检修工程师，恰巧在此时你经过此处，你是否具备足够的技能，帮助小王排查该车辆出现的故障？接下来请重新获取该部分的知识和技能吧！

2.3.1　线控转向系统关键技术

1. 传感器技术

现代汽车技术发展特征之一就是越来越多的部件采用了电子控制。汽车电子控制系统的控制效果依赖于传感器的信息采集和反馈的精度，传感器技术状态直接影响整个汽车电子控制系统的性能。汽车线控转向系统需要的相关传感器有：角位移传感器、转矩传感器、车速传感器、侧向加速度传感器、横摆角速度传感器等。

2. 容错控制技术

为了满足汽车的可靠性与安全性的要求，汽车线控转向系统必须采用容错控制技术，容错控制设计方法有硬件冗余方法和解析冗余方法两类。硬件冗余方法主要是通过对重要部件及易发生故障部件提供备份，以提高系统的容错性能；解析冗余方法主要通过科学设计控制器的软件来提高整个系统的冗余度，从而改善系统的容错性能。汽车容错控制系统（图 2-15）由测量模块、故障容错分析模块、执行模块和故障容错与处理模块组成。故障容错分析模块可以及时发现控制系统的故障，分离出发生故障的部位，判别故障的种类，估计出故障的大小和时间，进行评估与决策。故障容错与处理模块根据故障检测与诊断信息，可知被控对象的结构与参数的变化情况，采取具体的容错控制措施。故障容错分析模块和故障容错与处理模块是汽车容错控制系统的主要组成部分。基于容错控制技术的汽车线控转向系统，在不影响系统的控制功能的情况下，利用容错控制技术提高了转向系统的可靠性，保证了车辆的正常行驶及安全性。

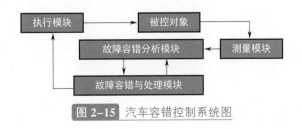

图 2-15 汽车容错控制系统图

3. 总线技术

线控技术的全面应用将意味着汽车由机械到电子系统的转变。线控技术要求网络的实时性好、可靠性高，而且一些线控部分要求功能实现冗余，以保证在出现一定的故障时仍可实现这个装置的基本功能，这就要求用于线控的网络数据传输速度高，时间特性好和可靠性高。国际上众多知名汽车公司，早在 20 世纪 80 年代就积极致力于汽车总线技术的研究及应用，随着汽车总线技术的发展，存在着多种汽车总线标准。这一类总线标准主要有 TTP（时间触发协议）、Byteflight 和 FlexRay。TTP 是一个应用于分布式实时控制系统的完整的通信协议，能够支持多种容错策略，具有节点的恢复和再整合功能；宝马（BWM）公司的 Byteflight 可用于汽车线控系统的网络通信，其特点是既能满足某些高优先级消息需要时间触发，以保证确定延迟的要求，又能满足某些消息需要事件触发，需要中断处理的要求；而其他汽车制造商目前计划采用 FlexRay，这是一种特别适合下一代汽车应用的网络通信系统，具有容错功能和确定的消息传输时间，能够满足汽车控制系统的高速率通信要求。目前，FlexRay 标准的物理层标准已经由飞利浦（Philips）公司开发完成，通信协议正在研发中。该标准的出台不仅提高了信息传输的一致性、可靠性，而且还简化了信息开发和使用过程，并降低了成本。从现在的发展来看，由于 FlexRay 是基于时间和事件的触发协议，要优于 TTP。基于总线技术的汽车线控转向系统，将传统的机械转向系统变成通过高速容错通信总线相连的电气系统，实现系统的自动化、智能化、网络化与信息化。

4. 电源技术

汽车电源承担着线控转向系统中电子控制单元、4 个电机的供电。2 个转矩反馈电机功率大约为 50~80W，2 个转向电机功率大约为 500~800W，电源负荷相当重。因此，为了保证整个系统的稳定工作，汽车电源的性能至关重要。实验证明，对于特定的功率，电压值的提高可使系统电流减小，而小的电流可使导线上的损耗减少，从而可使用更细、更小的线束。提高电压值，也可以减少电器装置本身的体积、质量和损耗，也有利于控制装置的小型化，提高集成度。于是，一些汽车制造商提出，可以将现有的汽车电源电压提高 3 倍，即达到 42V。42V 电源的采用为发展汽车线控转向系统创造了条件：电机的质量减轻了 20%；减小了线束直径，降低了设计与使用成本，方便安装；降低了负载电流；提高了电子元件的集成度等。这些优点对线控转向系统开发具有决定性的影响，必将大大推动汽车线控转向系统的电机以及相关部件的发展。

2.3.2 线控转向系统电路图分析

1. EPS 线控转向系统电路图分析

如图 2-16 所示，EPS 线控转向系统的工作过程为：打开起动开关，EPS 控制器接收到起动信号，当转向盘转矩转角传感器监测到转向盘转角和转矩后，将信息反馈至 EPS 控制器，EPS 控制器通过 CAN 总线访问当前车辆状态（车速、档位等）控制助力转向电机通电占空比及电流大小，实现不同车辆状态下的转向助力。再通过加装环境感知传感器、计算平台、CAN 协议调试，进而使 EPS 实现智能网联汽车的线控转向功能。

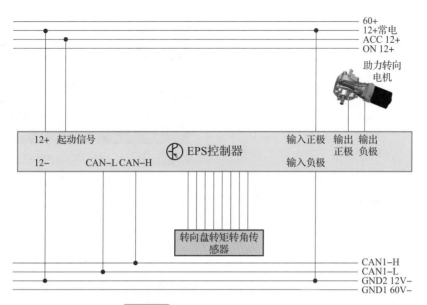

图 2-16　EPS 线控转向系统电路图

2. SBW 线控转向系统电路图分析

（1）单组 ECU 的 SBW 线控转向系统

如图 2-17 所示，SBW 线控转向系统的工作过程为：当打开起动钥匙，SBW 控制器开始工作。当 SBW 控制器接收到转向指令后，结合当前车速和档位计算出需要的转角，控制转向执行电机工作，再通过角位移传感器反馈转向执行电机的转动角度是否正确，最终实现车辆自动转向。

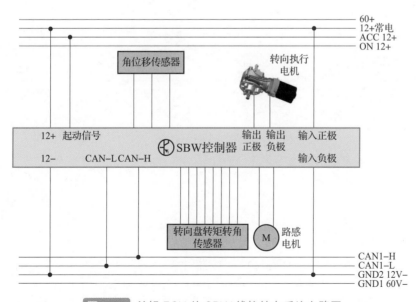

图 2-17　单组 ECU 的 SBW 线控转向系统电路图

（2）3 组 ECU 的 SBW 线控转向系统

如图 2-18 所示，冗余设计的 3 组 ECU 线控转向系统中，3 组 ECU 同时对转向需求进行计算，以保证执行速度，并利用冗余消除错误。而在具体控制上，两侧的 ECU 分别控制两侧转向轮的转向电机。当电控出现故障时，离合器控制备用的机械转向系统介入，转换成机械转向。

图 2-18 3 组 ECU 的 SBW 线控转向系统组成

如图 2-19 所示，3 组 ECU 的 SBW 线控转向系统的工作过程为：当打开起动钥匙，3 组控制器开始工作。当控制器接收到转向指令后，结合当前车速和加速度计算出需要的转角，控制转向执行电机工作，再通过角位移传感器反馈转向执行电机的转动角度是否正确，最终实现车辆自动转向。

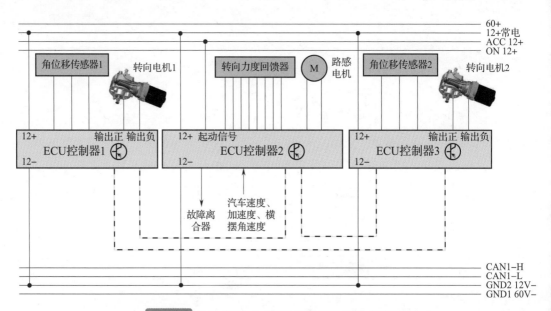

图 2-19 3 组 ECU 的 SBW 线控转向系统电路图

2.3.3 线控转向系统部件插接器针脚介绍

由于目前电动助力转向系统（EPS）应用更为广泛，关于线控转向系统的针脚介绍和后面的故障检修都以 EPS 为例。

EPS-ECU 上有 4 个插接器组成，分别为信号插接器、传感器插接器、电机插接器、电源插接器，如图 2-20 所示，其各部件插接器针脚定义见表 2-3。信号插接器通过 CAN 线与其他模块进行通信；传感器插接器与转矩转角传感器连接，用于监测转向盘转角与转矩；电机连接线连接至转向助力电机提供工作电源；电源插接器与低压蓄电池连接。

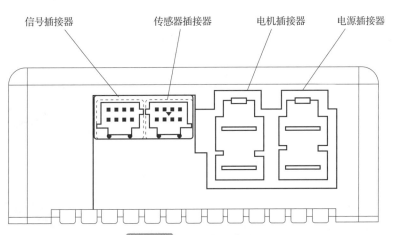

信号插接器　　传感器插接器　　电机插接器　　电源插接器

图 2-20　ECU 接线端针脚

表 2-3　针脚定义及实物照片

名称	针脚编号	针脚定义	接线端型号及实物照片		
信号插接器	1	/	护套	品牌	
	2	/		TE	
	3	CAN-L		型号	
	4	ON12+		1379659-1	
	5	/	端子	品牌	
	6	/		TE	
	7	/		型号	
	8	CAN-H		1674298-1	
传感器插接器	1	PWM	护套	品牌	
	2	PWM		TE	
	3	GND		型号	
	4	5V		1379659-1	
	5	5V	端子	品牌	
	6	GND		TE	
	7	TQ		型号	
	8	TQ		1674298-1	

（续）

名称	针脚编号	针脚定义	接线端型号及实物照片		
电源插接器	1	BATT+	护套	品牌	
				YAZAKI	
				型号	
				7123-4123-30	
	2	BATT-	锁扣	品牌	
				YAZAKI	
				型号	
				7157-6421-80	
			端子	品牌	
				YAZAKI	
				型号	
				7116-3250	

 技能实训

一、实训规则

1. 目的

为了规范实训教学，保证学生的安全，为实训教学提供一个良好的学习环境，使实训教学有组织、有纪律、高质量地进行，特制定本规则。

2. 规则

（1）学生实训前必须将劳保用品穿戴整齐，做好准备工作准时上课。

（2）学生不得擅自离开实训岗位、实训场所。有事要请假，返回岗位时应向教师报告，进行销假，未经实训教师允许不得调换岗位和设备，更不允许乱动设备。

（3）学生必须严格遵守安全技术操作规程。

（4）认真学习，虚心接受实训老师的指导，按时按课题完成实训任务，确保实训质量，不断提高操作技能技巧。

（5）爱护公共设施和设备、工具、材料等，不准做私活，更不允许私拿公物，如丢失和损坏，按照相关制度赔偿。

（6）学生进入实训场地，不准嬉笑打闹，更不允许动用实训工具、材料打闹，要做到文明礼貌。

（7）学生在实训中要按照学校安排积极参加建校劳动和生产劳动。

（8）学生在实训场地和教室要做到"六无"，即无烟头、无碎纸、无痰迹、无饭菜、无瓜果皮核、无乱写乱画。

（9）下课前将自己所用的设备、工具、材料整理并归位，清理卫生，切断电源，经实训教师同意后方可离开实训场所。

二、实训注意事项

（1）在操作设备前，需要外接电源的先连接电源，等开机运转至平稳再操作设备。

（2）操作设备时，不应猛按开关、暴力拆装、乱跨接测量等。

（3）在使用万用表对线控转向系统进行故障检查时，测量档位及量程一定要选对，否则影响测量结果。

（4）在使用诊断仪测量线控转向系统故障码和数据流时，一定要将车辆起动开关置于 ON 档或起动档状态。

三、故障检测流程

车辆送入维修厂 ⇒ 问诊故障描述 ⇒ 验证故障再现 ⇒ 检查通信数据 ⇒ 故障初步分析 ⇒ 故障确定检测 ⇒ 故障部件换修

2.3.4 线控转向系统供电电源故障检修

工作页 2-4 "线控转向系统供电电源故障检修"工作页				
所在组组名		学生姓名		
完成时间	45min	技术技能等级	中	危险度等级	中

操作设备说明

本书中线控转向系统供电电源故障检修任务以智能网联汽车底盘线控实验实训台为载体，开展针对线控转向、线控制动、线控驱动的实训，完成工作原理认知、通信及协议认知、装配调试与故障检测等理实一体化教学。

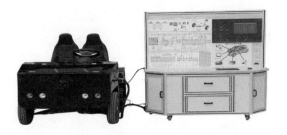

1. 任务准备

◇ 操作设备：底盘线控系统测试装调实验实训台。

◇ 工具/仪器：万用表。

◇ 人员分工：组长1名，记录人员2名，检验人员2名，操作人员若干，以上人选角色可通过选举、抽签及教师指定等来担任，通过多个任务的训练，争取让每个学生轮流担任每个角色，最终能够提升学生自身综合能力。

◇ 实训场地：智能网联汽车线控技术实训室。

2. 任务实施

参照以下操作步骤进行线控转向系统故障诊断技能训练。

故障检测前防护	
步骤	图示
个人防护，维修人员需穿着防护手套。	
实训台防护，需铺上格栅和翼子板防护。	

故障检测	
步骤	图示
第一步，故障现象 底盘线控系统测试装调实验实训台转向无助力，显示屏显示车身三级报警。	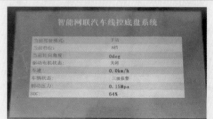

步骤	图示

第二步，故障分析

　　根据底盘线控系统测试装调实验实训台的调试软件中报文信息显示，发现线控转向系统控制器（EPS-ECU）输出报文的 CAN1 中 ID 0x18F 消失，可以判断为 EPS-ECU 通信故障。

可能造成故障的原因有：
①线控转向系统控制器（EPS-ECU）电源故障。
②线控转向系统控制器（EPS-ECU）通信故障。
③线控转向系统控制器（EPS-ECU）软件错误。
④线控转向系统控制器（EPS-ECU）故障。

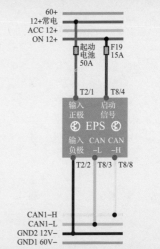

第三步，故障检测

取下钥匙，分别拔下 EPS-ECU 信号插头和供电插头，插上钥匙并置于 ON 档位。

使用万用表蜂鸣档，测量 EPS-ECU 供电插头搭铁 T2/2 号针脚和搭铁间通断，正常为导通状态。

步骤	图示
使用万用表电压档，黑表笔接 EPS-ECU 供电插头搭铁 T2/2 号针脚，红表笔接 EPS-ECU 信号插头 ON 供电 T8/4 号针脚，正常测量值应为 12V 左右。	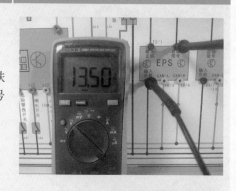
拔下 F19 熔丝，使用万用表电压档，黑表笔接搭铁，红表笔接 F19 电压输入插座，正常测量值应为 12V 左右。	
使用万用表蜂鸣档，测量 F19 熔丝是否导通，正常为导通状态。若不导通，说明熔丝存在问题，需要更换熔丝。	
使用万用表蜂鸣档，测量 F19 熔丝电压输出插座和 EPS-ECU 信号插头 ON 供电 T8/4 号针脚之间线路，正常为导通状态。	

步骤	图示
经万用表测得，F19 熔丝电压输出插座和 EPS-ECU 信号插头 ON 供电 T8/4 号针脚之间线路无穷大，存在断路故障，为线控转向系统控制器（EPS-ECU）电源故障。	
第四步，故障修复 维修或更换相同型号的线路，实训台恢复正常状态，故障排除，撤除防护。	

3. 任务评价

完成实训任务后，对任务完成情况进行评价。

2.3.5 线控转向系统 CAN 通信故障检修

工作页 2-5　"线控转向系统 CAN 通信故障检修"工作页					
所在组组名			学生姓名		
完成时间	45min	技术技能等级	中	危险度等级	中

操作设备说明

本书中线控转向系统 CAN 通信故障检修任务以智能网联汽车底盘线控实验实训台为载体，开展针对线控转向、线控制动、线控驱动的实训，完成工作原理认知、通信及协议认知、装配调试与故障检测等理实一体化教学。

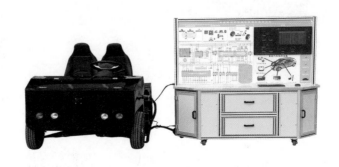

1. 任务准备

- ◇ 操作设备：底盘线控系统测试装调实验实训台。
- ◇ 工具 / 仪器：万用表、示波器。
- ◇ 人员分工：组长 1 名，记录人员 2 名，检验人员 2 名，操作人员若干，以上人选角色可通过选举、抽签及教师指定等来担任，通过多个任务的训练，争取让每个学生轮流担任每个角色，最终能够提升学生自身综合能力。
- ◇ 实训场地：智能网联汽车线控技术实训室。

2. 任务实施

参照以下操作步骤进行线控转向系统故障诊断技能训练。

故障检测前防护	
步骤	图示
个人防护，维修人员需穿着防护手套。	
实训台防护，需铺上格栅和翼子板防护。	

故障检测	
步骤	图示
第一步，故障现象 底盘线控系统测试装调实验实训台转向无助力，显示屏显示车身三级报警。	

步骤	图示

第二步，故障分析

　　根据底盘线控系统测试装调实验实训台的调试软件中报文信息显示，发现线控转向系统控制器（EPS-ECU）输出报文的 CAN1 中 ID 0x18F 消失，可以判断为 EPS-ECU 通信故障。

可能造成故障的原因有：

①线控转向系统控制器（EPS-ECU）电源故障。

②线控转向系统控制器（EPS-ECU）CAN 通信故障。

③线控转向系统控制器（EPS-ECU）软件错误。

④线控转向系统控制器（EPS-ECU）故障。

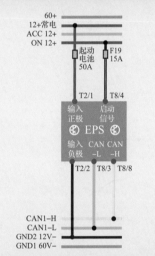

第三步，故障检测

　　取下钥匙，分别拔下 EPS-ECU 信号插头和供电插头，插上钥匙并置于 ON 档位。

　　使用万用表电压档，黑表笔接 EPS-ECU 供电插头搭铁 T2/2 号针脚，红表笔接 EPS-ECU 信号插头 ON 供电 T8/4 号针脚，正常测量值应为 12V 左右。

步骤	图示

若以上测量结果不正常，需要接着测量供电线路和熔丝F19。

使用万用表电压档，红表笔接 EPS-ECU 信号插头CAN-H T8/8 号针脚，黑表笔接搭铁，正常测量值应为2.55V 左右。

使用万用表电压档，红表笔接 EPS-ECU 信号插头 CAN-L T8/3 号针脚，黑表笔接搭铁，正常测量值应为 2.46V 左右。

若测量 EPS-ECU 的 CAN 总线、供电和搭铁都无异常，则需检查是否有 EPS-ECU 对应升级，若无，则需要更换EPS-ECU。

步骤	图示
经示波器或万用表测得，EPS-ECU 信号插头 CAN-H T8/8 号线路存在断路故障，为线控转向系统控制器（EPS-ECU）CAN 通信故障。	
第四步，故障修复 维修或更换相同型号的线路，实训台恢复正常状态，故障排除，撤除防护。	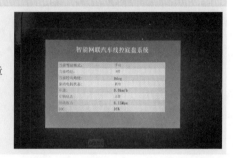

3. 任务评价

完成实训任务后，对任务完成情况进行评价。

2.3.6　线控转向系统转矩转角传感器故障检修

工作页 2-6 "线控转向系统转矩转角传感器故障检修"工作页				
所在组组名		学生姓名		
完成时间	45min	技术技能等级	中	危险度等级	中

操作设备说明

本书中线控转向系统转矩转角传感器故障检修任务以智能网联汽车底盘线控实验实训台为载体开展针对线控转向、线控制动、线控驱动，完成工作原理认知、通信及协议认知、装配调试与故障检测等理实一体化教学。

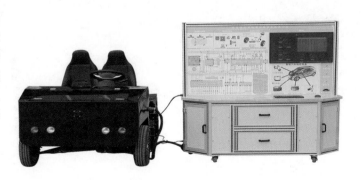

1. 任务准备

- ◇ 操作设备：底盘线控系统测试装调实验实训台。
- ◇ 工具 / 仪器：万用表。
- ◇ 人员分工：组长 1 名，记录人员 2 名，检验人员 2 名，操作人员若干，以上人选角色可通过选举、抽签及教师指定等来担任，通过多个任务的训练，争取让每个学生轮流担任每个角色，最终能够提升学生自身综合能力。
- ◇ 实训场地：智能网联汽车线控技术实训室。

2. 任务实施

参照以下操作步骤进行线控转向系统故障诊断技能训练。

故障检测前防护	
步骤	图示
个人防护，维修人员需穿着防护手套。	
实训台防护，需铺上格栅和翼子板防护。	

故障检测	
步骤	图示
第一步，故障现象 　　底盘线控系统测试装调实验实训台转向无助力，显示屏显示车身三级报警。	

步骤	图示
第二步，故障分析 　　根据底盘线控系统测试装调实验实训台的调试软件中报文信息显示，发现线控转向系统控制器（EPS-ECU）输出报文的 CAN1 中 ID 0x18F 转向角度传感器部分异常，可以判断为转向角度传感器相关故障。 可能造成故障的原因有： ①转向角度传感器故障。 ②转向角度传感器线路故障。 ③线控转向系统控制器（EPS-ECU）软件错误。 ④线控转向系统控制器（EPS-ECU）故障。	 
第三步，故障检测 　　插上钥匙并置于 ON 档位。 　　测量转矩转角传感器电源 1，使用万用表电压档，测量 EPS-ECU 插头（背部）T8/1 号针脚与 T8/2 号针脚之间电压，正常为 5V 左右。 　　测量转矩转角传感器电源 2，使用万用表电压档，测量 EPS-ECU 插头（背部）T8/5 号针脚与 T8/6 号针脚之间电压，正常为 5V 左右。	 

步骤	图示
测量转矩转角传感器转角信号 1，使用万用表电压档，红表笔接 EPS-ECU 插头（背部）T8/3 号针脚，黑表笔接搭铁，正常测量值应在 0~5V 之间变化。	
测量转矩转角传感器转角信号 2，使用万用表电压档，红表笔接 EPS-ECU 插头（背部）T8/4 号针脚，黑表笔接搭铁，正常测量值应在 0~5V 之间变化。	
测量转矩转角传感器转矩信号 1，使用万用表电压档，红表笔接 EPS-ECU 插头（背部）T8/7 号针脚，黑表笔接搭铁，正常测量值应在 0~5V 之间变化。	
测量转矩转角传感器转矩信号 2，使用万用表电压档，红表笔接 EPS-ECU 插头（背部）T8/8 号针脚，黑表笔接搭铁，正常测量值应在 0~5V 之间变化。	
若测量 EPS-ECU 和转向角度传感器电源和信号正常，则需检查是否有 EPS-ECU 对应升级，若无，则需要更换 EPS-ECU。	

步骤	图示
经万用表测得，EPS-ECU 传感器插头 T8/1 号针脚和 T8/2 号针脚间电压为 0V，经检查发现 T8/1 针脚脱落。	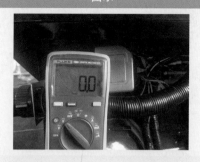
第四步，故障修复 重新恢复脱落针脚，实训台恢复正常状态，故障排除，撤除防护。	

3. 任务评价

完成实训任务后，对任务完成情况进行评价。

项目 3

智能网联汽车线控制动系统装调与检修

制动系统直接影响汽车的行驶安全和乘客的生命安全。随着高速公路的发展、车速的提高，以及车流密度的日益增大，为保证行车安全，制动系统的控制变得更加重要。结合线控技术和汽车制动系统而形成的线控制动系统，将传统液压或气压制动执行元件改为了电驱动元件，有着可控性好、响应速度快的特点，有着良好的发展前景。在智能网联汽车中，可将线控制动系统通过 VCU 与计算平台结合起来，通过计算平台替代驾驶人动作（踩制动踏板等），向汽车发送制动意图。例如，当汽车前方出现危险时，环境感知传感器将危险信息传递给计算平台，计算平台经分析后，向 VCU 发送请求执行制动信号，VCU将信号再次处理后，发送给线控制动系统，线控制动系统根据命令实现汽车的自动紧急制动，可防止交通事故的发生，如图 3-1 所示。线控制动系统除了可实现汽车的自动紧急制动外，还可以实现汽车的自适应巡航，使汽车始终与前车保持安全距离，增强自动驾驶的安全性。

图 3-1　智能网联汽车线控制动系统自适应巡航

项目目标

知识目标

✧ 线控制动系统的功能。

✧ 线控制动系统的结构与工作原理。

✧ 线控制动系统的通信原理。

✧ 线控制动系统的关键技术。

✧ 线控制动系统的电路图。

✧ 线控制动系统部件插接器针脚定义。

能力 / 技能目标

✧ 能够独立拆装线控制动系统。

✧ 能够正确调试线控制动系统。

✧ 能够准确检测线控制动系统出现的故障。

素养目标

✧ 能够自觉遵守法律、法规以及技术标准规定。

✧ 能够和同学及教学人员建立良好的合作关系。

✧ 能够在实际操作过程中，培养动手实践能力，注重培养质量意识、安全意识、节能环保意识和规范操作等职业素养。

任务一　智能网联汽车线控制动系统拆装

任务目标

✧ 了解线控制动系统的功能。

✧ 掌握线控制动系统的结构与工作原理。

✧ 了解线控制动系统典型车型应用。

✧ 能够独立拆装线控制动系统。

情境导入

小吴为某企业底盘线控装配工实习员，被安排到了汽车制动系统装配车间，正在车间跟着师傅学习装配某一型号智能网联汽车的线控制动系统。在装配前，师傅让小吴先了解线控制动系统的基本知识，结构、工作原理、特点等，在具备这些知识后，开始跟着师傅着手装配线控制动系统，先将线控制动系统的零散部件组装起来，再装到汽车上。下面就跟着小吴的学习进程开始本任务的学习。

⚖ 应知应会

3.1.1 线控制动系统功能

汽车制动系统是指对汽车车轮施加一定的力，从而对其进行一定程度的强制制动的一系列专门装置。制动系统的功能是使行驶中的汽车按照驾驶人的要求进行强制减速甚至停车，以及使已停驶的汽车在各种道路条件下（包括在坡道上）稳定驻车，还有使下坡行驶的汽车速度保持稳定。

智能网联汽车线控制动系统的功能与传统汽车制动系统的功能一样，也是保证能够按照路况等条件进行强制减速直至停车，只是在结构上有所改变，即输入接口（制动踏板）和执行机构（制动执行器）之间是通过线控（电子信号）连接的，在它们之间没有直接的液压力或机械连接。

3.1.2 线控制动系统结构与工作原理

线控制动系统分为两条技术路线：一条是需要制动液作为压力传递介质的线控制动系统，称之为液压式线控制动系统（EHB），另一条则是纯机械电子系统，即没有制动液参与的线控制动系统，称之为机械式线控制动系统（EMB）。

1. 液压式线控制动系统（EHB）结构与工作原理

EHB 以传统的液压制动系统为基础，用电子器件取代了一部分机械部件的功能。与飞机的制动系统类似，制动踏板和制动缸没有任何机械连接，汽车驾驶人的制动动作被踏板上的传感器感转化成电子信号，或由环境感知传感器检测到障碍物，车载计算平台发送制动请求，电子控制单元接收到信号后，命令液压执行机构完成制动的操作。EHB 能根据路面的附着情况和转速，为每个车轮分配最合理的制动力度，从而可以更充分地利用车轮和地面之间的摩擦力，使制动距离更短，制动过程更安全。

典型的 EHB 由踏板模拟单元、ECU、执行器机构等组成，如图 3-2 所示。正常工作时，制动踏板与制动器之间的液压连接断开，备用阀处于关闭状态。电子踏板配有踏板感觉模拟器和电子传感器，ECU 可以通过传感器信号判断驾驶人的制动意图，并通过电机驱动液压制动泵进行制动。电子系统发生故障时，备用阀打开，EHB 变成传统的液压制动系统。备用系统增加了制动系统的安全性，使车辆在线控制动系统失效时还可以进行制动，但是由于备用系统中仍然包含复杂的制动液传输管路，使得 EHB 并不完全包含线控制动系统产品的优点。

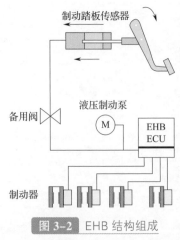

图 3-2 EHB 结构组成

在智能网联汽车中，当选用自动驾驶模式时，驾驶人踩制动踏板的人工驾驶操作，将变为计算平台向 VCU 发送制动意图的自动驾驶操作，即计算平台根据环境传感器反馈的路况等信息，向 VCU 发送请求制动信号，VCU 经分析后将制动信号发送给 EHB-ECU，ECU 通过电机驱动液压制动泵进行制动。

EHB 具备如下特点

优点：

①传统的制动系统在长期使用后，由于各部件的磨损和变形，会导致制动性能的衰退。而 EHB 会利用算法弥补部件的磨损和变形，使制动性能长期处于良好状态。

②EHB 可以根据各个车轮的转速和附着力为其分配最恰当的制动力度，这就做到了制动的高度灵活性和高效性。

③EHB 不但能够提供高效的常规制动功能，还能发挥包括 ABS 在内的更多辅助功能。

缺点：

由于 EHB 以液压为制动能量源，液压的产生和电控化相对来说比较困难，不容易做到和其他电控系统的整合；而且液压系统的重量对轻量化不利。

2. 机械式线控制动系统（EMB）结构与工作原理

EHB 虽然实现了线控制动功能，但是仍然依靠液压系统动作。在 EMB 中，所有的液压装置，包括主缸、液压管路、助力装置等均被电子机械系统替代，液压盘和鼓式制动器的调节器也被电机驱动装置取代，如图 3-3 所示。EMB 是名副其实的线控制动系统。

EMB 系统主要由车轮制动模块、中央电子控制单元和电子踏板模块等组成，其控制框图如图 3-4 所示。

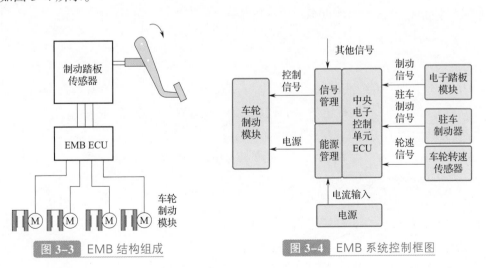

图 3-3　EMB 结构组成　　　　图 3-4　EMB 系统控制框图

（1）车轮制动模块

车轮制动模块由制动执行器、制动执行器 ECU 等组成。其中，制动执行器有两种设计方案：一是集成了力或力矩传感器；二是无集成力或力矩传感器。第一种方案可省去对制动力或制动力矩的计算，使系统变得更准确、可靠。但力或力矩传感器价格昂贵，而且集成困难。第二种方案需要根据电流或电机转子转角来估算制动夹紧力。但由于外界环境温度的变化及磨损的影响，不可能只根据电流或电机转子转角来计算夹紧力，需将两者结合起来才能收到好的效果。图 3-5 为德国大陆特维斯（Continental Teves）公司第三代电子机械式盘式制动执行器结构。该执行器采用了电机内置的结构，它的最大特点就是模块化，整个机构又分为驱动部分（电机）、行星齿轮减速部分及行星滚子螺旋传动部分（把旋转运动变成丝杠的直线运动）。

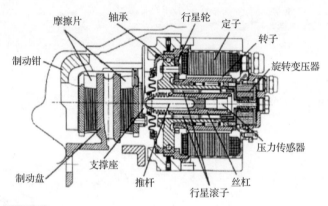

图 3-5 大陆特维斯公司第三代电子机械式盘式制动执行器结构

（2）中央电子控制单元

中央电子控制单元的作用为：接收制动踏板发出的信号，控制制动器制动；接收驻车制动信号，控制驻车制动；接收车轮传感器信号，识别车轮是否抱死、打滑等；控制车轮制动力，实现防抱死和驱动防滑。

（3）电子踏板模块

EMB 系统取消了传统液压制动系统中机械式传力机构和真空助力器，取而代之的是踏板模拟器。它将作用在踏板上的力和速度转化为电信号，输送到中央电子控制单元。踏板模拟器的输入输出特性曲线应很好地符合驾驶人的驾驶习惯，并根据人体工程学设计，以提高舒适性和安全性。目前，已经应用的 EMB 系统相对以前制动系统的最大改进，就是采用了踏板模拟器，有效地提高了制动响应速度。

EMB 与 EHB 同理，在智能网联汽车中，当选用自动驾驶模式时，驾驶人踩制动踏板的人工驾驶制动操作，变为计算平台向 VCU 发送制动意图的自动驾驶操作。VCU 将制动意图再发送给 EMB-ECU，进而实现对汽车的制动。

与传统的液压制动系统相比，EMB 具有如下优点：

① 由于制动执行器和制动踏板之间无液压和机械连接，大大减少了制动器的作用时间，进而有效地缩短了制动距离。

② 安装更简单、快速，无须制动液，有利于环保，也有助于提高系统的再利用性，同时也减轻了系统的质量。

③ 无常规制动系统的真空增压器，减少了所需的空间，底盘布局更加灵活。

④ 制动踏板可调，舒适性和安全性更好。

⑤ 在 ABS 模式下踏板无回弹振动，几乎无噪声。

⑥ 可实现所有制动和稳定功能，如 ABS、EBD、TCS、ESP、BA、ACC 等。

⑦ 可方便地与未来的交通管理系统联网。

基于上述种种优点，EMB 技术肯定会得到大力发展，未来会向液压制动系统发起强有力的挑战。虽然 EMB 在原理和功能上有着非常突出的优势，符合电子化的潮流，前景一片看好，但在技术上还有一些难点需要攻克：

① 由于去除了备用制动系统，EMB 系统需要很高的可靠性，必须采用比 EHB 更可靠的总线协议。

② 由于制动能量需求较大，需要开发大功率的 42V 高压电系统。

③ 制动器需要具有更好的安全和可靠性，比如耐高温性等。

④ 需要更好的抗干扰能力，抵制车辆运行中遇到的各种干扰信号。

3.1.3 典型线控制动系统应用

1. 典型 EHB 系统应用

国外于 20 世纪 90 年代就进行了 EHB 系统的研究。比较典型的产品有博世公司的 iBooster 系统，丰田旗下爱德克斯公司的 ECB 系统，大陆公司的 MKC1 系统等，目前这些产品在中国市场开始批量装车。

国内起步较晚，研究基础薄弱，起步于 2009 年左右，相关研究主要集中在清华大学、吉林大学、同济大学、北京航空航天大学等著名高校，以及亚太机电、万向、伯特利等主要的汽车零部件企业。近年来，虽然 EHB 的研发工作有一定进展，但离产业化应用仍需要一定的时间。

在国内电动汽车比例不断提升、智能辅助驾驶和自动驾驶逐步推进，以及外资品牌 EHB 开始批量装车的趋势下，在电动汽车上，EHB 系统替代 ESC（车身稳定控制）系统的步伐将比 ESC 替代 ABS（制动防抱死系统）来得更快，甚至很多电动汽车将从 ABS 跳过 ESC 直接搭载 EHB 系统，EHB 市场前景广阔，已经成为零部件企业竞相研发的热点。

（1）博世 iBooster

博世公司近年陆续推出了两代新型智能助力器 iBooster，其结构如图 3-6 所示。与传统的真空助力产品相比，iBooster 外形结构跟整车、液压管路及防火墙接口相同，不同之处是采用智能线控电助力工作原理，数据交换处理能力更强大，动态增减压性能更优良，制动距离更短，可满足制动能量回收和自动驾驶制动需求，踏板感觉良好。目前，iBooster 在特斯拉全系、大众全部新能源车、保时捷 918、凯迪拉克 CT6、雪佛兰 Boff 和 Volt、本田 CRV、法拉第未来 FF91、比亚迪 E6 及蔚来 ES8 等车型上获得应用。

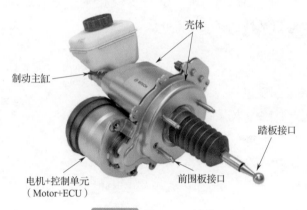

图 3-6 iBooster 结构

iBooster 的工作原理如图 3-7 所示，驾驶人踩制动踏板开始制动时，iBooster 的踏板位移传感器检测到输入杆位移，并将位移信号发送至 ECU，ECU 计算出电机转矩需求，再由传动装置将该转矩转化为伺服制动力，伺服制动力与踏板输入力在制动主缸内共同转化为制动液压力。iBooster 采用齿轮 - 梯形丝杠减速增矩机构，将电机的转动转化为制动主缸活塞的直线运动，建立制动压力。制动踏板推杆与执行机构制动主缸活塞推杆之前通过间隙的方式进行一定程度的解耦。

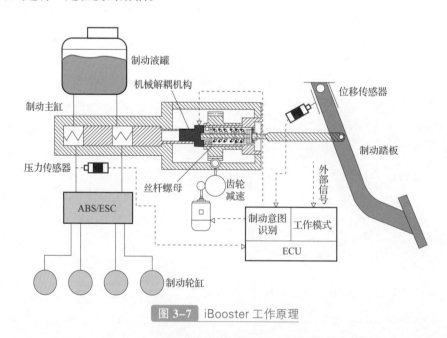

图 3-7 iBooster 工作原理

（2）亚太机电 IEHB

集成式电液线控制动系统（Integrated Electronic Hydraulic Brake System，IEHB）集成了 ABS、ESC 等电子制动系统的功能，同时可以摒弃真空助力器，将制动主缸集成一体，如图 3-8 所示。IEHB 采用液电一体化控制实现对各轮缸的制动力独立且线性控制。实现协调式制动能量回收功能。

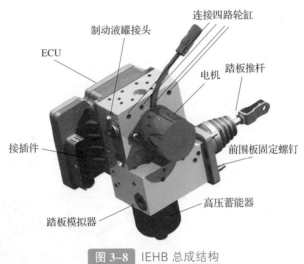

图 3-8　IEHB 总成结构

IEHB 增加状态下的液压原理如图 3-9 所示：

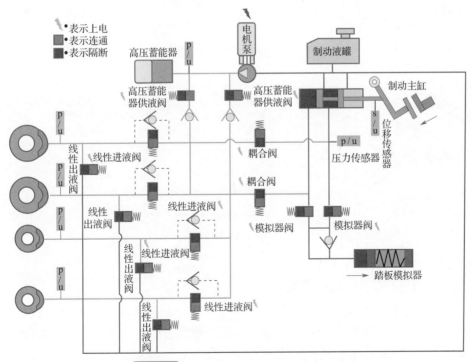

图 3-9　IEHB 增加状态下的液压原理图

① 主缸制动液进入踏板模拟器。

② 电机泵和高压蓄能器提供高压供液源。

③ 通过电磁阀控制直接给四个轮缸建压。

④ 耦合阀为常开阀，失效时可以提供减速度的常规制动。

⑤ 集成了 ESC 模块，压力建立单元和调节单元一体化设计，体积更小，布置方便。

⑥ 完全机械解耦方案提供高效的制动能重回收。

⑦ 踏板模拟器末端有预置弹簧，根据预紧程度可调踏板感。

（3）大陆 MKC1

针对高度自动驾驶要求，2016 年 7 月，大陆集团为阿尔法罗密欧 Giulia 新款车提供了集成式制动系统，即 MKC1 制动系统。这是在全球范围内首次投入量产的系统，如图 3-10 所示。MKC1 由高性能电机取代真空助力器、电子真空泵、液压制动泵及蓄能器等部件，通过齿轮机构驱动活塞直线运动以产生制动主缸压力，制动踏板采用解耦设计，建压过程与制动踏板分离，踏板感觉由执行模块中的弹簧缓冲器产生，可根据整车调整，还可按照不同行驶情况或操作模式单独调整，能在无须任何附加措施条件下，实现再生制动与舒适性完美统一。

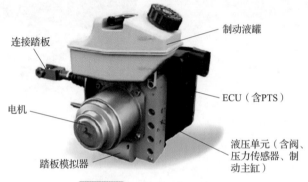

图 3-10 MKC1 制动系统结构

MKC1 具有如下优势及特点：

① 无真空、电液、按需制动的线控制动系统。

② 集成制动助力与制动建压机构。

③ 相比传统制动系统，体积更小，减重 30%，布置空间减少。

④ 建压能力高，制动速度快，适用于 AEB。

⑤ 提升燃油经济性，减少碳排放。

⑥ 踏板感觉灵活可调。

2. 典型 EMB 系统应用

由于缺乏足够的技术支持，目前市场上并没有批量装车的 EMB 产品。20 世纪 90 年代开始，国外的一些著名汽车零部件制造商相继进行了 EMB 研发工作，如德国博世、德国西门子、美国天合、德国大陆特维斯、德国德尔福、瑞典斯凯孚、瑞典瀚德、韩国现代及万都等公司都取得了相关研究成果，申请了专利，并进行了实车试验。国内仅有清华大学、吉林大学、北京理工大学、同济大学、南京航空航天大学等高校以及亚太机电、万向等零部件企业做了一些研究工作。

综上可知，EHB 技术成熟，市场前景广阔，目前已占研发和应用的主流。而 EMB 受技术条件限制，还未在智能网联汽车上批量应用，但 EMB 的制动响应高、布局空间灵活，及安全性、舒适性、稳定性好等优点，将是自动驾驶线控制动的趋势。本书后续关于线控制动系统的装配、调试与故障检修中仅以 EHB 为例。

 **知识拓展**

3.1.4　线控制动系统发展趋势

EMB 是最理想的线控制动技术，可将响应时间进一步缩短到 100ms 以下，所以说线控制动系统中长期趋势是 EMB 替代 EHB。但是目前 EMB 技术难度很大，商业化普及还尚需时日，短期内将以 EHB 替代传统液压制动系统为主。

EHB 根据集成度的高低，分为了 Two-Box 和 One-Box 两种技术方案，如图 3-11 所示。One-Box 的集成程度高于 Two-Box。由于集成度更高，"One-Box"方案在体积、重量上占优，并且其售价一般低于"Two-Box"方案（例如伯特利的 One-Box 产品售价低于博世的 iBooster+ESP 的售价），更有利于替换传统液压制动系统，是目前的主流技术方案。

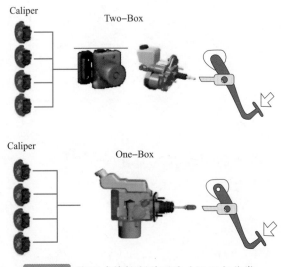

图 3-11　液压式线控制动系统（EHB）分类

从表 3-1 中分析可得，Two-Box 相比较 One-Box 的最大优势在 L3 级自动驾驶工况下的制动冗余需求较好，而整车布局空间稍差一些。L3 级为有条件自动驾驶，也就是说它可以完全不需要驾驶人干预，但是有的时候又必须驾驶人干预。驾驶人和车辆自主控制之间如何相互接管就成了一大问题，因为这之间并没有一个明显的界定，而这也是相关法律法规最模糊的地方，假设出了交通事故，是需要驾驶人和汽车共同承担责任，所以大部分厂商跳过 L3 级，直接进入 L4 级研发。

表 3-1　Two-Box 与 One-Box 的优劣

方案对比	Two-Box	One-Box
基本功能（动态控制，ACC，AEB，能量回收……）	优	优
集成度（影响布局空间）	差	优
采购成本	中	优
制动失效时的减速度	中	优
L3 级以上高度自动驾驶制动冗余	优	差

技能实训

一、实训规则

1. 目的

为了规范实训教学，保证学生的安全，为实训教学提供一个良好的学习环境，使实训教学有组织、有纪律、高质量地进行，特制定本规则。

2. 规则

（1）学生实训前必须将劳保用品穿戴整齐，做好准备工作准时上课。

（2）学生不得擅自离开实训岗位、实训场所。有事要请假，返回岗位时应向教师报告，进行销假，未经实训教师允许不得调换岗位和设备，更不允许乱动设备。

（3）学生必须严格遵守安全技术操作规程。

（4）认真学习，虚心接受实训老师的指导，按时按课题完成实训任务，确保实训质量，不断提高操作技能技巧。

（5）爱护公共设施和设备、工具、材料等，不准做私活，更不允许私拿公物，如丢失和损坏，按照相关制度赔偿。

（6）学生进入实训场地，不准嬉笑打闹，更不允许动用实训工具、材料打闹，要做到文明礼貌。

（7）学生在实训中要按照学校安排积极参加建校劳动和生产劳动。

（8）学生在实训场地和教室要做到"六无"，即无烟头、无碎纸、无痰迹、无饭菜、无瓜果皮核、无乱写乱画。

（9）下课前将自己所用的设备、工具、材料整理并归位，清理卫生，切断电源，经实训教师同意后方可离开实训场所。

二、实训注意事项

（1）在对线控制动系统进行拆装前时，需要佩戴棉线防护手套，以保护我们的手部，防止刮伤。

（2）在使用万用表对线控制动系统进行故障检查时，测量档位及量程一定要选对，否则影响测量结果。

（3）在使用诊断仪测量线控制动系统故障码和数据流时，一定要将车辆起动开关置于 ON 档或起动档状态。

（4）在使用扳手拆装线控制动系统螺栓时，切记要选择合适大小的扳手，否则容易造成螺栓棱角损坏，难以拆卸，不能再继续使用。

（5）制动系统中的制动液具有腐蚀性，检修过程中切记做好回收和清洁工作，否则对人和车都有伤害。

（6）由于制动管路连接头为细螺纹，在安装时需用手先将螺钉拧上，再用扳手进行紧固，否则容易造成滑扣。

（7）制动系统在组装时，需严格按照装配要求，进行装配，不可暴力砸击装配，否则容易造成损坏变形。

3.1.5　线控制动系统组装

工作页 3-1　"线控制动系统组装"工作页					
所在组组名			学生姓名		
完成时间	45min	技术技能等级	中	危险度等级	低

操作设备说明

本书中线控制动系统组装任务以智能网联汽车底盘线控实验实训台为载体，开展针对线控转向、线控制动、线控驱动的实训，完成工作原理认知、通信及协议认知、装配调试与故障检测等理实一体化教学。

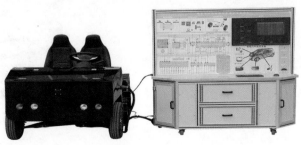

1. 任务准备

◇ 操作设备：底盘线控系统测试装调实验实训台。

◇ 工具 / 仪器：常用拆装工具套装、橡胶锤、卡簧钳、螺钉旋具套装。

◇ 人员分工：组长 1 名，记录人员 2 名，检验人员 2 名，操作人员若干，以上人选角色可通过选举、抽签及教师指定等来担任，通过多个任务的训练，争取让每个学生轮流担任每个角色，最终能够提升学生自身综合能力。

◇ 实训场地：智能网联汽车线控技术实训室。

2. 任务实施

参照以下操作步骤进行线控制动系统组装技能训练。

步骤	图示
第一步 将制动电机控制器电路板装入电机壳体上的安装位置，紧固固定螺栓，按规定力矩拧紧。	
第二步 将制动电机三个端子线圈连接至电机控制器电路板。	
第三步 安装制动电机控制器外罩壳体。	
第四步 安装制动助力器阀体，阀体带直齿蜗杆，注意：一定要将助力器阀体推至最底部，以便同制动旋变编码器驱动轴安装孔对齐，旋变编码器是检测踏板行程和转速的传感器。	 

步骤	图示
第五步 将制动推杆与制动旋变编码器的驱动蜗杆总成装入线控制动壳体内，再安装复位弹簧和弹簧锁片螺栓。注意：弹簧锁片螺栓有安装方向，应使凸台朝向复位弹簧，以起到固定弹簧位置的作用。	
第六步 安装弹簧防尘套及与踏板连接的锁扣。	
第七步 将制动旋变编码器的蜗轮轴放入装配孔，并用橡胶锤及冲子配合装入到位。	
第八步 使用卡簧钳安装制动旋变编码器的固定卡簧。	
第九步 将驱动助力器阀体移动的蜗轮轴装入装配孔，同样用橡胶锤及冲子配合装入到位。	

步骤	图示
第十步 安装制动旋变编码器法兰，紧固固定螺栓。	
第十一步 安装制动旋变编码器，紧固固定螺栓，并安装外罩壳，紧固壳体螺栓。	
第十二步 将线控制动总成固定法兰装入安装位置，并紧固固定螺栓。	
第十三步 将制动主缸、受压阀体、调整垫片装入安装壳体上，并安装紧固螺栓，按规定力矩拧紧。	
第十四步 将助力驱动电机总成装入壳体安装位置，紧固固定螺栓，并按规定力矩拧紧。	

3. 任务评价

完成实训任务后，对任务完成情况进行评价。

3.1.6 线控制动系统拆装

工作页 3-2 "线控制动系统拆装"工作页					
所在组组名			学生姓名		
完成时间	45min	技术技能等级	中	危险度等级	中

操作设备说明

本书中线控制动系统拆装任务以智能网联教学车为载体，开展针对线控转向、线控制动、线控驱动的实训，完成工作原理认知、系统装配、功能调试、教学车测试的理实一体化培训教学。

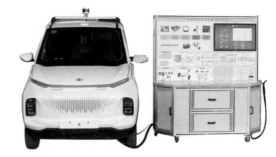

1. 任务准备

◇ 操作设备：智能网联教学车。

◇ 工具 / 仪器：常用拆装工具套装、螺钉旋具套装、钳子、轮胎拆装工具等。

◇ 人员分工：组长 1 名，记录人员 2 名，检验人员 2 名，操作人员若干，以上人选角色可通过选举、抽签及教师指定等来担任，通过多个任务的训练，争取让每个学生轮流担任每个角色，最终能够提升学生自身综合能力。

◇ 实训场地：智能网联汽车线控技术实训室。

2. 任务实施

参照以下操作步骤进行线控制动系统拆装技能训练。

拆装前防护	
步骤	图示
个人防护，维修人员需穿着防护手套。	
整车防护，车内部需铺上转向盘套、座椅套和脚垫。车外部需铺上格栅和翼子板防护。	

线控制动系统整车拆卸	
步骤	图示

第一步

利用轮胎与地面的附着力，按对角线分别松开四轮轮胎固定螺栓。

第二步

操作举升机，将车辆举升到彻底离开地面位置，按对角线分别拆卸四轮轮胎螺栓，并将轮胎取下。

第三步

拆卸制动轮缸油管固定螺栓，再取下密封圈。

注意 制动液需回收。

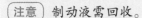

第四步

拆卸制动钳及活塞总成固定螺栓，并将总成取下，然后取下制动摩擦片。

第五步

拆卸制动钳支架固定螺栓，并将制动钳支架取下。其他三个制动钳支架、制动摩擦片、制动钳及活塞总成以及制动轮缸油管拆卸可参照3~5步。

步骤	图示
第六步 分离线控制动器总成主插接器，然后分离制动旋变编码器插接器。	
第七步 用扳手松开制动管路螺母。 〔注意〕 制动液需回收。	
第八步 拆卸线控制动器总成需要两人配合完成操作，一人在车外扶住线控制动器总成，另一人在车内分离制动灯开关插接器，然后拆卸制动踏板总成与线控制动器总成的固定螺母及锁销。	
第九步 驾驶室内制动踏板总成取下后，另一个人将线控制动器总成从前机舱内取出。线控制动系统整车拆卸完成。	

线控制动系统整车装配

步骤	图示
第一步 将线控制动器总成放入安装位置，前机舱内的线控制动器总成和驾驶室内制动踏板总成，利用夹在两者中间的防火墙进行固定，其固定螺母共 4 颗。	

步骤	图示
第二步 安装线控制动器总成需要两人配合完成操作，一人在车外固定线控制动器总成，另一人在车内安装制动踏板总成与线控制动器总成的固定螺母及锁销，按规定力矩拧紧，并连接制动灯开关插接器。	
第三步 安装制动管路固定螺母，并按规定力矩拧紧。	
第四步 连接制动旋变编码器插接器，然后连接线控制动器总成主插接器。	
第五步 将制动钳支架放至转向节上，安装固定螺栓，并按规定力矩拧紧。	
第六步 安装制动摩擦片，然后安装制动钳及活塞总成及其固定螺栓，并规定力矩拧紧。	

步骤	图示
第七步 安装制动轮缸油管、密封圈及固定螺栓，按规定力矩拧紧。其他三个制动钳支架、制动摩擦片、制动钳及活塞总成以及制动轮缸油管安装可参照第五～第七步。	
第八步 添加制动液，并对制动系统进行排气操作。排气按照由远及近原则，右后、左后、右前、左前的顺序进行排气。	
第九步 排气方法采用一人连续踩制动踏板，最后一下踩下踏板不松开，然后车外一人将制动轮缸上的排气孔螺栓松开，排除带有空气的制动液，以上过程连续操作 3~5 次，制动系统排气便完成。	 
第十步 安装四轮轮胎，先用手带上轮胎螺栓，然后按对角线用轮胎拆装工具进行预紧。	
第十一步 操作举升机，降下车辆至地面。	

步骤	图示

第十二步

利用地面的附着力固定轮胎，依对角线按规定力矩拧紧。线控制动系统整车安装完成，撤除车外及车内防护。

3. 任务评价

完成实训任务后，对任务完成情况进行评价。

任务二 智能网联汽车线控制动系统调试

任务目标

◇ 掌握线控制动系统的通信原理。

◇ 能够将调试数据解析成 CAN 报文，完成 EHB 调试。

◇ 能够根据当前 EHB-ECU 反馈的信息，计算出 EHB-ECU 向 VCU 发送的 CAN 报文。

情境导入

有辆车需测试自动驾驶模式的制动（EHB）功能，测试人员首先将车辆底盘升起使轮胎离开地面，起动车辆，档位选择前进档，车轮旋转，测试人员操作调试软件下发制动指令、驾驶模式等进行测试。测试完毕后，测试人员通过调试软件的显示界面，可分别查看到制动灯信号、工作状态、制动断电等信号。

调试人员是如何通过调试软件下发制动指令的？又是如何查看制动反馈信号的？接下来我们带着这两个问题开始本任务的学习吧。

应知应会

3.2.1 线控制动系统通信原理

线控制动系统的通信主要存在于 VCU 与 EHB-ECU 之间，包括 VCU 向 EHB-ECU 发送的制动指令以及 EHB-ECU 向 VCU 发送的制动踏板开合、制动灯信号、EHB 工作状态、制动断电、故障等反馈信息。VCU 与 EHB-ECU 之间的通信波特率为 500kbit/s，报文采用 Motorola 格式，帧格式为标准帧。

1. VCU 向 EHB-ECU 发送 CAN 报文协议

VCU 向 EHB-ECU 发送 CAN 报文的协议见表 3-2，报文 ID 为 0x364，报文周期 200ms，报文长度为 8 字节：

1）Byte0 用来设置外部制动压力请求，压力行程请求，最大行程点 125，最小行程点为 0，单位为个（当前将行程分成 125 个点）。如根据当前车速和制动请求信号综合算得制动行程为 100，则 Byte0=0x64。

2）Byte1 用来设置制动指令信号，其中 bit0 可设置制动使能，当 bit0=0 时，EHB-ECU 不起动，当 bit0=1 时，EHB-ECU 使能信号；bit4~bit7 可设置 EHB 工作模式请求，当 bit4~bit7=3 时，EHB 进入准备就绪模式，当 bit4~bit7=7 时，EHB 进入 Run（运行）模式；其余 3 位为预留位，默认都为 0。

> **? 问一问**
>
> 什么是使能信号？
> 使能信号类似一个触发信号，主要是为保证电路或者器件正常工作的开关。也就是说可以通过这个信号打开或关闭 IC 电路中的某个功能。

3）Byet3 用来设置制动模式和 VCU 工作状态信号，其中 bit2 可设置驾驶模式，当 bit2=0 时，驾驶模式为人工驾驶（包括遥控器模式），当 bit2=1 时，驾驶模式为自动驾驶；bit4~bit5 可设置 VCU 工作状态信号，当 bit4~bit5=0 时，VCU-ECU 控制模块处于未初始化状态，当 bit4~bit5=1 时，VCU-ECU 控制模块处于工作可靠状态，当 bit4~bit5=2 时，VCU-ECU 控制模块处于降级功能受限状态，当 bit4~bit5=3 时，VCU-ECU 控制模块有故障；bit6~bit7 可设置钥匙使能信号，当 bit6~bit7=0 时，钥匙使能信号为 OFF，当 bit6~bit7=1 时，钥匙使能信号为 ACC，当 bit6~bit7=2 时，钥匙使能信号为 ON，当 bit6~bit7=3 时，钥匙使能信号为 CRANK（起动）；其余 3 位为预留位，默认都为 0。

4）Byte7 用来设置 VCU 的生命信号，其中 bit0~bit3 可设置生命信号，其他 4 位为预留位，默认为 0。

? 问一问

什么是生命信号？

生命信号作用是表征 CAN 节点 VCU 没有出现故障等，使其他节点清楚地知道接收到的 CAN 消息是可靠的。如果生命信号每次加一，则可以认为该节点正常工作；如果不是，则该节点发出的消息是不可靠的。

5）Byte2、Byte4、Byte5、Byte6 均为预留字节，默认的 16 进制值都为 0x00。

表 3-2　VCU 向 EHB-ECU 发送 CAN 报文的协议（ID：0x364，周期：200ms）

字节		定义	格式
Byte0		外部制动压力请求	压力行程请求，最大行程点 125，最小行程点为 0，单位为个（当前将行程分成 125 个点）
Byte1	bit0	制动使能	0：EHB 未起动；1：EHB 使能
	bit1~bit3	预留	\
	bit4~bit7	EHB 工作模式请求	3：就绪；7：Run
Byte2		预留	\
Byte3	bit0~bit1	预留	\
	bit2	驾驶模式	0：人工（包括遥控器模式）；1：自动
	bit3	预留	\
	bit4~bit5	VCU 工作状态信号	0：未初始化；1：可靠的；2：降级（保留）；3：故障
	bit6~bit7	钥匙使能信号	0：OFF；1：ACC；2：ON；3：CRANK
Byte4		预留	\
Byte5		预留	\
Byte6		预留	\
Byte7	bit0~bit3	生命信号	
	bit4~bit7	预留	\

2. EHB-ECU 向 VCU 发送 CAN 报文协议

EHB-ECU 向 VCU 发送 CAN 报文的协议见表 3-3，报文 ID 为 0x289，报文周期为 100ms，报文长度为 8 字节：

1）Byte0 用来反馈制动踏板开合度，制动踏板制动行程有效值范围为 0~100，表示 0%~100%。

2）Byte1 用来反馈制动灯信号、工作状态等，其中 bit2 可反馈制动灯信号，当 bit2=0

时，制动灯信号无效，当 bit2=1 时，制动灯信号有效；bit4~bit6 可反馈 EHB-ECU 的工作状态，当 bit4~bit6=1 时，EHB-ECU 的工作状态为初始化，当 bit4~bit6=2 时，EHB-ECU 的工作状态为备用，当 bit4~bit6=3 时，EHB-ECU 的工作状态为就绪，当 bit4~bit6=6 时，EHB-ECU 的工作状态为 Run（起用），当 bit4~bit6=7 时，EHB-ECU 的工作状态为失效，当 bit4~bit6=8 时，EHB-ECU 的工作状态为关闭；其余 4 位为预留位，默认为 0。

3）Byte3 用来反馈外部制动请求响应状态和制动踏板状态，其中 bit2 可反馈外部制动请求响应状态，当 bit2=0 时，外部制动请求信号为踏板，当 bit2=1 时，外部制动请求信号为 CAN 总线；bit5 可反馈仪表警告灯，当 bit5=0 时，仪表警告灯闲置，当 bit5=1 时，仪表警告灯有效；bit6 可反馈制动踏板是否被踩下，当 bit6=0 时，制动踏板闲置，当 bit6=1 时，制动踏板被踩下；bit7 可反馈制动踏板被踩下的有效性，当 bit7=0 时，制动踏板闲置，当 bit7=1 时，制动踏板被踩下有效；其余 4 位为预留位，默认为 0。

4）Byte4 用来反馈故障码 1，各故障码对应的具体故障详见表 3-3。

5）Byte5 用来反馈故障码 2，各故障码对应的具体故障详见表 3-3。

6）Byte7 用来反馈生命信号，其中 bit0~bit3 可反馈生命信号，其他 4 位为预留位，默认为 0。

7）Byte2 和 Byte6 为预留字节，默认 Byte2=0x00，Byte6=0x00。

表 3-3 EHB-ECU 向 VCU 发送 CAN 报文的协议（ID：0x289，周期：100ms）

字节		定义	格式
Byte0		制动踏板开合度	制动踏板制动行程有效值范围：0~100（表示 0%~100%）
Byte1	bit0~bit1	预留	\
	bit2	制动灯信号	bit2=0，无效；bit2=1，有效
	bit3	预留	\
	bit4~bit6	工作状态	1：初始化；2：备用；3：就绪；6：Run；7：失效；8：关闭
	bit7	预留	\
Byte2		预留	\
Byte3	bit0~bit1	预留	\
	bit2	外部制动请求响应状态	0：踏板；1：CAN
	bit3~bit4	预留	\
	bit5	仪表警告灯	0：闲置；1：有效
	bit6	制动踏板是否被踩下	0：闲置；1：有效
	bit7	制动踏板被踩下是否有效	0：闲置；1：有效

（续）

字节	定义	格式					
Byte4	故障码1	故障码	故障	故障码	故障	故障码	故障
		0x00	无故障	0x01	欠电压	0x02	过载
		0x04	过电压	0x08	U相故障	0x10	V相故障
		0x20	W相故障	0x40	过电流	0x80	堵转保护
Byte5	故障码2	故障码	故障	故障码	故障	故障码	故障
		0x00	无故障	0x01	欠电压	0x02	通信超时故障
		0x04	自学习故障	0x08	12V电源故障	0x10	自检故障
		0x20	保留	0x40	保留	0x80	点火信号故障
Byte6	预留	\					
Byte7	bit0~bit3 生命信号	\					
	bit4~bit7 预留	\					

技能实训

一、实训规则

1. 目的

为了规范实训教学，保证学生的安全，为实训教学提供一个良好的学习环境，使实训教学有组织、有纪律、高质量地进行，特制定本规则。

2. 规则

（1）学生实训前必须将劳保用品穿戴整齐，做好准备工作准时上课。

（2）学生不得擅自离开实训岗位、实训场所。有事要请假，返回岗位时应向教师报告，进行销假，未经实训教师允许不得调换岗位和设备，更不允许乱动设备。

（3）学生必须严格遵守安全技术操作规程。

（4）认真学习，虚心接受实训老师的指导，按时按课题完成实训任务，确保实训质量，不断提高操作技能技巧。

（5）爱护公共设施和设备、工具、材料等，不准做私活，更不允许私拿公物，如丢失和损坏，按照相关制度赔偿。

（6）学生进入实训场地，不准嬉笑打闹，更不允许动用实训工具、材料打闹，要做到文明礼貌。

（7）学生在实训中要按照学校安排积极参加建校劳动和生产劳动。

（8）学生在实训场地和教室要做到"六无"，即无烟头、无碎纸、无痰迹、无饭菜、无瓜果皮核、无乱写乱画。

（9）下课前将自己所用的设备、工具、材料整理并归位，清理卫生，切断电源，经实训教师同意后方可离开实训场所。

二、实训注意事项

（1）调试底盘需要保证传感器、控制电脑等都装配正常的情况下，再对底盘进行调试。

（2）调试前连接 CAN 分析仪，大多数情况需将 CAN-H 与总线 CAN-H 相连，CAN-L 与总线 CAN-L 相连即可实现通信。

（3）CAN 设备正在主动发送数据，那么在软件界面中就会收到 CAN 数据并且设备对应通道的 CAN 灯会闪烁。

（4）CAN 设备手动发送握手协议指令，可以打开软件之后点击发送（可发送任意数据），显示发送成功说明波特率、终端电阻等通信参数设置正确，显示发送失败说明通信未成功，用户需从多方面考虑影响通信的因素。

（5）计算 CAN 报文时，需确定编码格式采用的是 Motorola 还是 Intel，这两种编码格式不同，高低字节定义方式不同，会导致计算结果不同。

（6）调试前确保千斤顶将后轮悬空，同时保证驾驶位上有一名安全员，以免出现安全事故。

（7）发送调试协议后，只有点击了停止按钮，才能进行下一项任务。

（8）调试制动指令时，需先让车轮转动起来，否则轮子停下，无法测试制动命令。

（9）通过模式开关进行人工驾驶模式和自动驾驶模式切换，进行 CAN1 调试时需将模式开关切换至人工驾驶模式，进行 CAN2 调试时需将模式开关切换至自动驾驶模式。

注意　若通过 CAN1 发送调试指令是以 VCU 的身份向 EPS/EHB/MCU 发送协议，因而会干预 VCU 当前指令，为避免冲突，调试前需断开 VCU 的 CAN 总线。若通过 CAN2 发送指令时不可执行以上操作。

3.2.2 线控制动系统调试

工作页 3-3 "线控制动系统调试"工作页					
所在组组名			学生姓名		
完成时间	45min	技术技能等级	高	危险度等级	低

1. 任务准备

◇ 操作设备：底盘线控系统测试装调实验实训台。

◇ 工具 / 仪器：CAN 总线分析仪、调试电脑。

◇ 人员分工：组长 1 名，记录人员 2 名，检验人员 2 名，操作人员若干，以上人选角色可通过选举、抽签及教师指定等来担任，通过多个任务的训练，争取让每个学生轮流担任每个角色，最终能够提升学生自身综合能力。

◇ 实训场地：智能网联汽车线控技术实训室。

2. 任务实施

在前面讲解的线控制动系统通信原理的基础上，对设置制动压力行程点、解析 EHB 反馈报文进行实训。

实训 1：VCU 向 EHB-ECU 发送 CAN 报文计算

步骤一

VCU 向 EHB-ECU 发送 CAN 报文，需选择 CAN1 发送报文，帧 ID 选择 0x364，发送周期填 200（单位为 ms），发送次数为填 20，波特率选择默认的 500kbit/s，帧类型选择默认的接收所有类型。

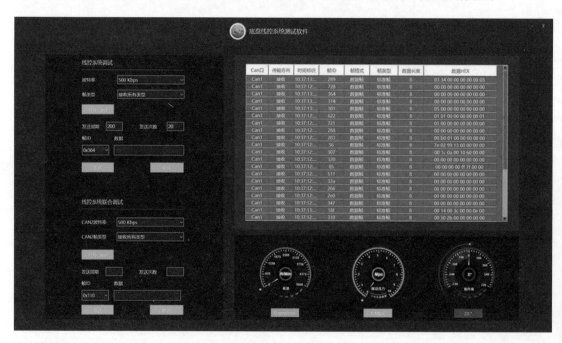

步骤二

线控系统测试，设置驾驶模式为自动驾驶，请求制动压力行程点为 120，参照表 3-2。

字节	计算	数据
Byte0	Byte0 用来设置外部制动压力请求：将十进制数值 120 换算成十六进制数为 78。	0x78
Byte1	Byte1 用来设置制动使能和 EHB 工作模式请求：如使制动正常工作需先制动使能，则 bit0=1；EHB 工作模式请求设置为 Run，则 bit4~bit7=7，转换成二进制 bit4~bit7=0111；其余位为预留位，默认为 0，则 Byte1 则等于 11100001，换算成 16 进制为 0xE1。	0xE1
Byte2	Byte2 为预留字节，默认 Byte2=0x00。	0x00
Byte3	Byte3 用来设置驾驶模式、VCU 工作状态信号、钥匙使能信号：驾驶模式为自动，则 bit2=1；VCU 工作状态信号为可靠，则 bit4~bit5=2，转换成二进制 bit4~bit5=10；钥匙使能信号为 crank（起动），则 bit6~bit7=3，转换成二进制 bit6~bit7=11；其余位为预留位，默认为 0，则 Byte3 则等于 11010100，换算成 16 进制为 0xD4。	0xD4
Byte4	Byte4 为预留字节，默认 Byte4=0x00。	0x00
Byte5	Byte5 为预留字节，默认 Byte5=0x00。	0x00
Byte6	Byte6 为预留字节，默认 Byte6=0x00。	0x00
Byte7	生命信号从 0x00 开始发送。	0x00
报文	ID：0x364　数据：78E100D400000000	

实训 2：EHB-ECU 向 VCU 反馈的 CAN 报文计算

在调试软件上反馈回来的报文如下：

CAN 口	传输方向	时间标识	帧 ID	帧格式	帧类型	数据长度	数据 HEX
CAN1	接收	09:31:47	0x289	数据帧	标准帧	8	5834000400000000

通过解析报文，分析制动系统状态，参照表 3-3：

字节	数据	解析
Byte0	0x58	Byte0 用来反馈制动踏板开合度，0x58 转换成十进制数为 88，代表制动踏板制动开合度为 88%。
Byte1	0x34	Byte1 用来反馈制动灯信号、EHB-ECU 工作状态等，0x34 换成二进制数为 00110100，解析其所代表的含义：bit0~bit1=00，为预留位；bit2=1，代表制动灯信号有效；bit3=0，为预留位；bit4~bit6=110，转换成十进制为 6，代表 EHB-ECU 工作状态为 Run（运行）；bit7=0，为预留位。
Byte2	0x00	预留字节
Byte3	0x04	Byte3 用来反馈外部制动请求响应状态、仪表警告灯状态、制动踏板是否被踩下、制动踏板被踩下是否有效，将 0x04 转换成二进制数为 00000100，解析其所代表的含义：bit0~bit1=00，为预留位；bit2=1，代表外部制动请求响应状态为 CAN 信号；bit3~bit4=00，为预留位；bit5=0，代表仪表警告灯闲置；bit6=0，bit7=0，代表制动踏板闲置。

（续）

字节	数据	解析
Byte4	0x00	Byte4 用来反馈故障码 1，代码 0x00 表示无故障。
Byte5	0x00	Byte5 用来反馈故障码 2，代码 0x00 表示无故障。
Byte6	0x00	预留字节
Byte7	0x00	生命信号从 0x00 开始发送。

通过以上解析，可知制动系统状态为：通过 CAN 信号进行制动请求，仪表警告灯闲置，制动踏板闲置，制动踏板制动行程为 88%，制动灯信号有效，ECU 处于 Run 状态，无任何故障，节点 EHB-ECU 发送的 CAN 报文是可靠的，且生命信号从 0x00 开始发送。

3. 任务评价

完成实训任务后，对任务完成情况进行评价。

任务三　智能网联汽车线控制动系统故障检修

任务目标

◇ 了解线控制动系统的关键技术。

◇ 熟悉线控制动系统的电路图。

◇ 掌握线控制动系统部件插接器的针脚定义。

◇ 能够对线控制动系统进行故障诊断与排除。

情境导入

在一个很冷的清晨，小丽乘坐智能网联汽车去见客户，见完客户后，使用手机远程呼叫车辆，在手机上却提示自动驾驶功能关闭，原因为自动驾驶的制动系统有问题，小丽走到车辆前前后后观察，并未发现什么异常，然后拨打远程救援功能，智能网联汽车后台服务系统将救援信息派发给周围的检修工程师，如果你作为一名检修工程师，需获取以下知识，才能帮助小丽解决问题，接下来赶快去学习吧！

应知应会

3.3.1　线控制动系统关键技术

汽车制动系统的发展方向是去除整个液压系统，且没有机械或液压后备系统的纯粹线控制动系统。由于没有备用系统，系统的可靠性要求更高，并且必须是能容错的。另外，它还要求新系统要具有与现有系统一样的制动性能，且系统的使用寿命要长，易于维护、价格便宜、适合批量生产等。因此，线控制动系统需要具有可靠的能源来源，容错的通信协议，以及一些硬件的冗余控制等。下面是线控制动系统的一些关键技术。

1. 执行器的能量需求

鼓式制动需 100W 的功率，而盘式制动则需要 1kW。12V 的车辆电器系统难以支持执行电路制动的高功率要求。因此，建立 42V 电压系统十分重要，同时需要解决高电压带来的安全问题。

2. 容错的要求

在完全取消了液压元件的系统中，没有独立的后备执行系统，虽然许多技术能提高容错系统的安全性，但根本的方法还是提供后备系统。当节点或电子控制单元出现故障时，在不破坏现有系统完整性的情况下，起用后备装置，容错程度应随应用场合不同而不同，但重要的传感器和控制器都应该有备份。另外，系统中每一个节点之间的串行通信必须支持容错。容错就需要开发相应的通信协议，因为现在车辆应用的一些普通通信系统，如 CAN 等都不能满足容错的要求，所以需要开发一种新型的通信协议。目前，世界上对协议研究的比较多，有 TTP/C、FlexRay、TTCAN 等几种。

3. 制动执行器的要求

装用电机控制的制动执行器，要求高性价比的半导体器件具有较好的高温性能，以承受在制动执行器附近产生的高温。另外，需要开发质量轻、价位低的车辆制动器，而且由于轮毂尺寸的限制，它们的尺寸也需要满足设计要求。

4. 抗干扰处理

车辆在运行过程中会有各种干扰信号，目前常用的抗干扰控制系统有对称式和非对称式两种。对称式抗干扰控制系统是用两个相同的 CPU 和同样的计算程序处理制动信号；非对称式抗干扰控制系统是用两个不同的 CPU 计算制动信号。

3.3.2　线控制动系统电路图分析

线控制动系统（EHB）电路图如图 3-12 所示。EHB 的制动工作过程为：当打开起动钥匙，EHB 控制器开始工作，当接收到环境感知传感器、路测设备、云平台等制动请求时，EHB 控制器将即刻算出所需制动力并采取制动措施，制动旋变编码器将监测到制动器的制动方向和速度反馈回 EHB 控制器，EHB 控制器通过 CAN 线进行通信，通信内容包含：制动请求、制动踏板行程、制动断电等。

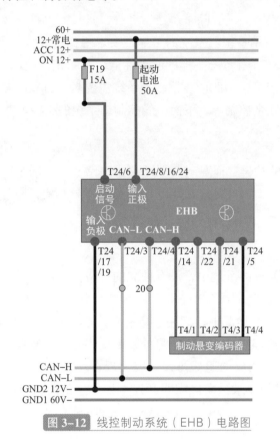

图 3-12 线控制动系统（EHB）电路图

3.3.3 线控制动系统部件插接器针脚介绍

线控制动系统主要插接器为 EHB-ECU，EHB-ECU 插接器上有 24 个针脚（图 3-13 和图 3-14），其中制动旋变编码器用于监测制动行程、方向和速度，并将信号反馈至线控制动系统 ECU。线控制动系统 ECU 针脚号定义及实物照片见表 3-4。

图 3-13 线控制动系统控制模块针脚实物图

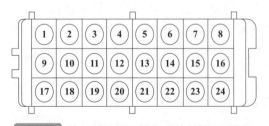

图 3-14 线控制动系统控制模块针脚示意图

表 3-4　ECU 针脚号定义及实物照片

名称	针脚编号	针脚定义	针脚编号	针脚定义	接线端型号及实物照片
ECU	1	/	13	/	
	2	/	14	旋变负极	
	3	CAN-H	15	/	
	4	CAN-L	16	12+ 常电	
	5	旋变励磁	17	负极	
	6	ON12+	18	/	
	7	/	19	负极	
	8	12+ 常电	20	/	
	9	/	21	旋变信号	
	10	/	22	旋变信号	
	11	/	23	/	
	12	/	24	12+ 常电	
制动旋变编码器	1	旋变负极	/	/	
	2	旋变信号	/	/	
	3	旋变信号	/	/	
	4	旋变励磁	/	/	

技能实训

一、实训规则

1. 目的

为了规范实训教学，保证学生的安全，为实训教学提供一个良好的学习环境，使实训教学有组织、有纪律、高质量地进行，特制定本规则。

2. 规则

（1）学生实训前必须将劳保用品穿戴整齐，做好准备工作准时上课。

（2）学生不得擅自离开实训岗位、实训场所。有事要请假，返回岗位时应向教师报告，进行销假，未经实训教师允许不得调换岗位和设备，更不允许乱动设备。

（3）学生必须严格遵守安全技术操作规程。

（4）认真学习，虚心接受实训老师的指导，按时按课题完成实训任务，确保实训质量，不断提高操作技能技巧。

（5）爱护公共设施和设备、工具、材料等，不准做私活，更不允许私拿公物，如丢失和损坏，按照相关制度赔偿。

（6）学生进入实训场地，不准嬉笑打闹，更不允许动用实训工具、材料打闹，要做到文明礼貌。

（7）学生在实训中要按照学校安排积极参加建校劳动和生产劳动。

（8）学生在实训场地和教室要做到"六无"，即无烟头、无碎纸、无痰迹、无饭菜、无瓜果皮核、无乱写乱画。

（9）下课前将自己所用的设备、工具、材料整理并归位，清理卫生，切断电源，经实训教师同意后方可离开实训场所。

二、实训注意事项

（1）在操作设备前，需要外接电源的先连接电源，等开机运转至平稳再操作设备。

（2）操作设备时，不应猛按开关、暴力拆装、乱跨接测量等。

（3）在使用万用表对线控制动系统进行故障检查时，测量档位及量程一定要选对，否则影响测量结果。

（4）在使用诊断仪测量线控制动系统故障码和数据流时，一定要将车辆起动开关置于 ON 档或起动档状态。

三、故障检测流程

3.3.4 线控制动系统供电电源故障检修

工作页 3-4 "线控制动系统供电电源故障检修"工作页					
所在组组名			学生姓名		
完成时间	45min	技术技能等级	中	危险度等级	中

操作设备说明

　　本书中线控制动系统供电电源故障检修任务以智能网联汽车底盘线控实验实训台为载体，开展针对线控转向、线控制动、线控驱动的实训，完成工作原理认知、通信及协议认知、装配调试与故障检测等理实一体化教学。

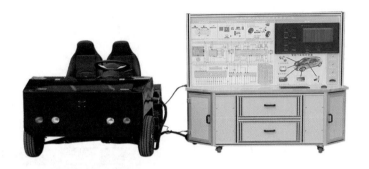

1. 任务准备

　　◇　操作设备：底盘线控系统测试装调实验实训台。

　　◇　工具 / 仪器：万用表。

　　◇　人员分工：组长 1 名，记录人员 2 名，检验人员 2 名，操作人员若干，以上人选角色可通过选举、抽签及教师指定等来担任，通过多个任务的训练，争取让每个学生轮流担任每个角色，最终能够提升学生自身综合能力。

　　◇　实训场地：智能网联汽车线控技术实训室。

2. 任务实施

　　参照以下操作步骤进行线控制动系统故障诊断技能训练。

故障检测前防护	
步骤	图示
个人防护，维修人员需穿着防护手套。	
实训台防护，需铺上格栅和翼子板防护。	

故障检测	
步骤	图示

第一步，故障现象

    底盘线控系统测试装调实验实训台制动无助力，显示屏显示车身三级报警。

第二步，故障分析

    根据底盘线控系统测试装调实验实训台的调试软件中报文信息显示，发现线控制动系统控制器（EHB-ECU）输出报文的 CAN1 中 ID 0x289 消失，可以判断为 EHB-ECU 通信故障。

可能造成故障的原因有：
①线控制动系统控制器（EHB-ECU）电源故障。
②线控制动系统控制器（EHB-ECU）CAN 通信故障。
③线控制动系统控制器（EHB-ECU）软件错误。
④线控制动系统控制器（EHB-ECU）故障。

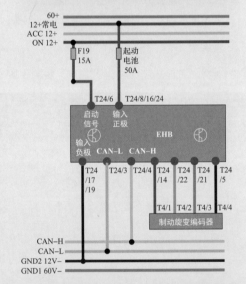

第三步，故障检测

    取下钥匙，拔下 EHB-ECU 插头，插上钥匙并置于 ON 档位。

步骤	图示
使用万用表蜂鸣档，测量 EHB-ECU 插头 T24/17/19 号针脚和搭铁之间导通性，正常为导通状态。	
使用万用表电压档，黑表笔接 EHB-ECU 插头搭铁 T24/17 号针脚，红表笔接 EHB-ECU 插头 ON 供电 T24/6 号针脚，正常测量值应为 12V 左右。	
拔下 F19 熔丝，使用万用表电压档，黑表笔接搭铁，红表笔接 F19 电压输入插座，正常测量值应为 12V 左右。	
使用万用表蜂鸣档，测量 F19 熔丝是否导通，正常为导通状态。若不导通，说明熔丝存在问题，需要更换熔丝。	
使用万用表蜂鸣档，测量 F19 熔丝电压输出插座和 EHB-ECU 插头 ON 供电 T24/6 号针脚之间线路，正常为导通状态。	

步骤	图示
经万用表测得，F19 熔丝电压输出插座和 EHB-ECU 插头 ON 供电 T24/6 号针脚之间线路无穷大，存在断路故障，为线控制动系统控制器（EHB-ECU）电源故障。	
第四步，故障修复 维修或更换相同型号的线路，实训台恢复正常状态，故障排除，撤除防护。	

3. 任务评价

完成实训任务后，对任务完成情况进行评价。

3.3.5 线控制动系统 CAN 通信故障检修

工作页 3-5 "线控制动系统 CAN 通信故障检修"工作页					
所在组组名			学生姓名		
完成时间	45min	技术技能等级	中	危险度等级	中

操作设备说明

本书中线控制动系统 CAN 通信故障检修任务以智能网联汽车底盘线控实验实训台为载体开展，针对线控转向、线控制动、线控驱动的实训，完成工作原理认知、通信及协议认知、装配调试与故障检测等理实一体化教学。

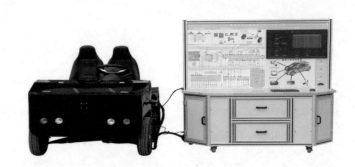

1. 任务准备

- ◇ 操作设备：底盘线控系统测试装调实验实训台。
- ◇ 工具 / 仪器：万用表、示波器。
- ◇ 人员分工：组长 1 名，记录人员 2 名，检验人员 2 名，操作人员若干，以上人选角色可通过选举、抽签及教师指定等来担任，通过多个任务的训练，争取让每个学生轮流担任每个角色，最终能够提升学生自身综合能力。
- ◇ 实训场地：智能网联汽车线控技术实训室。

2. 任务实施

参照以下操作步骤进行线控制动系统故障诊断技能训练。

故障检测前防护	
步骤	图示
个人防护，维修人员需穿着防护手套。	
实训台防护，需铺上格栅和翼子板防护。	

故障检测	
步骤	图示
第一步，故障现象 底盘线控系统测试装调实验实训台制动无助力，显示屏显示车身三级报警。	

步骤	图示

第二步，故障分析

　　根据底盘线控系统测试装调实验实训台的调试软件中报文信息显示，发现线控制动系统控制器（EHB-ECU）输出报文的 CAN1 中 ID 0x289 消失，可以判断为 EHB-ECU 通信故障。

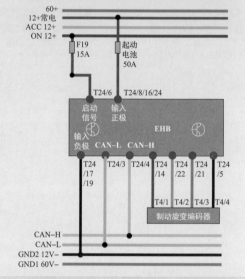

　　可能造成故障的原因有：
①线控制动系统控制器（EHB-ECU）电源故障。
②线控制动系统控制器（EHB-ECU）CAN 通信故障。
③线控制动系统控制器（EHB-ECU）软件错误。
④线控制动系统控制器（EHB-ECU）故障。

第三步，故障检测

　　取下钥匙，拔下 EHB-ECU 插头，然后插上钥匙并置于 ON 档位。

　　使用万用表电压档，黑表笔接 EHB-ECU 插头搭铁 T24/17 号针脚，红表笔接 EHB-ECU 插头 ON 供电 T24/6 号针脚，正常测量值应为 12V 左右。

步骤	图示
若以上测量结果不正常，需要接着测量供电线路和熔丝 F19。	
使用万用表电压档，红表笔接 EHB-ECU 插头 CAN-H T24/4 号针脚，黑表笔接搭铁，正常测量值应为 2.55V 左右。	
使用万用表电压档，红表笔接 EHB-ECU 插头 CAN-L T24/3 号针脚，黑表笔接搭铁，正常测量值应为 2.48V 左右。	

步骤	图示
若测量 EHB-ECU 的 CAN 总线、供电和搭铁都无异常，则需检查是否有 EHB-ECU 对应升级，若无，则需要更换 EHB-ECU。	
经万用表测得，EHB-ECU 插头 CAN-L T24/3 号线路存在断路故障，为线控制动系统控制器（EHB-ECU）CAN 通信故障。	

第四步，故障修复

维修或更换相同型号的线路，实训台恢复正常状态，故障排除，撤除防护。	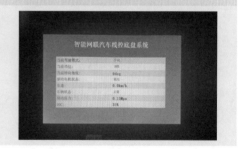

3. 任务评价

　完成实训任务后，对任务完成情况进行评价。

3.3.6　线控制动系统旋变编码器故障检修

工作页 3-6 "线控制动系统旋变编码器故障检修"工作页					
所在组组名			**学生姓名**		
完成时间	45min	**技术技能等级**	中	**危险度等级**	中

操作设备说明

　本书中线控制动系统旋变编码器故障检修任务，以智能网联汽车底盘线控实验实训台为载体，开展针对线控转向、线控制动、线控驱动的实训，完成工作原理认知、通信及协议认知、装配调试与故障检测等理实一体化教学。

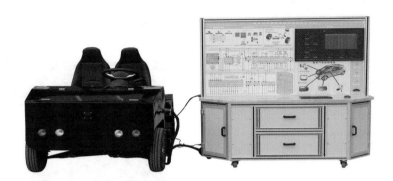

1. 任务准备

- ✧ 操作设备：底盘线控系统测试装调实验实训台。
- ✧ 工具／仪器：万用表。
- ✧ 人员分工：组长1名，记录人员2名，检验人员2名，操作人员若干，以上人选角色可通过选举、抽签及教师指定等来担任，通过多个任务的训练，争取让每个学生轮流担任每个角色，最终能够提升学生自身综合能力。
- ✧ 实训场地：智能网联汽车线控技术实训室。

2. 任务实施

参照以下操作步骤进行线控制动系统故障诊断技能训练。

故障检测前防护	
步骤	图示
个人防护，维修人员需穿着防护手套。	
实训台防护，需铺上格栅和翼子板防护。	

故障检测	
步骤	图示

第一步，故障现象

底盘线控系统测试装调实验实训台制动无助力。

第二步，故障分析

　　根据底盘线控系统测试装调实验实训台的调试软件中报文信息显示未踩下制动踏板，发现线控制动系统控制器（EHB-ECU）输出报文的CAN1中ID 0x289制动旋变编码器部分异常，可以判断为制动旋变编码器相关故障。

可能造成故障的原因有：
①制动旋变编码器故障。
②制动旋变编码器线路故障。
③线控制动系统控制器（EHB-ECU）软件错误。
④线控制动系统控制器（EHB-ECU）故障。

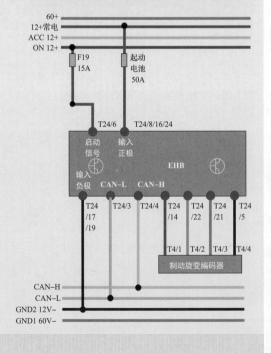

第三步，故障检测

步骤	图示
插上钥匙并置于 ON 档位。	
使用万用表蜂鸣档，测量制动旋变编码器插头（背部）搭铁 T4/1 针脚和搭铁间通断，正常为导通状态。	
使用万用表电压档，黑表笔接制动旋变编码器插头（背部）搭铁 T4/1 针脚，红表笔接制动旋变编码器插头（背部）供电 T4/4 针脚，正常测量值应为 5V 左右。	
使用万用表电压档，黑表笔接制动旋变编码器插头（背部）搭铁 T4/1 针脚，红表笔接制动旋变编码器插头（背部）信号 T4/2 针脚，正常测量值应为 1.48V 左右。	
使用万用表电压档，黑表笔接制动旋变编码器插头（背部）搭铁 T4/1 针脚，红表笔接制动旋变编码器插头（背部）信号 T4/3 针脚，正常测量值应为 3.5V 左右。	

步骤	图示
取下钥匙，先拔下 EHB-ECU 插头，然后拔下制动旋变编码器插头。	
使用万用表蜂鸣档，测量 EHB-ECU 插头 T24/14 和制动旋变编码器插头 T4/1 针脚之间线束，正常为导通状态。	
使用万用表蜂鸣档，测量 EHB-ECU 插头 T24/22 和制动旋变编码器插头 T4/2 针脚之间线束，正常为导通状态。	
使用万用表蜂鸣档，测量 EHB-ECU 插头 T24/21 和制动旋变编码器插头 T4/3 针脚之间线束，正常为导通状态。	
使用万用表蜂鸣档，测量 EHB-ECU 插头 T24/5 和制动旋变编码器插头 T4/4 针脚之间线束，正常为导通状态。	
使用万用表电阻档，测量制动旋变编码器本体 T4/1 和 T4/2 间电阻，正常电阻为 47Ω。	

步骤	图示
使用万用表电阻档，测量制动旋变编码器本体 T4/1 和 T4/3 间电阻，正常电阻为 47Ω。	
使用万用表电阻档，测量制动旋变编码器本体 T4/1 和 T4/4 间电阻，正常电阻为 6.3Ω。	
若测量 EHB-ECU 和制动旋变编码器之间线束正常，制动旋变编码器正常，则需检查是否有 EHB-ECU 对应升级，若无，则需要更换 EHB-ECU。	
经万用表测得，制动旋变编码器插头 T4/1 针脚和 T4/2 针脚之间阻值为无穷大，存在断路故障，为制动旋变编码器故障。	

第四步，故障修复

　维修或更换相同型号的制动旋变编码器，实训台恢复正常状态，故障排除，撤除防护。

3. 任务评价

　完成实训任务后，对任务完成情况进行评价。

项目 4

智能网联汽车线控驱动系统装调与检修

线控驱动系统的技术研究工作起源于 20 世纪 70 年代，80 年代开始有产品问世，现在相关技术已趋于成熟。近 10 年来，德国博世、皮尔博格，美国的德尔福、伟世通，日本丰田、日立、电装，意大利马雷胜等已推出线控驱动系统的系列化产品，应用于各种品牌的中高档轿车。线控驱动系统将原来由机械传递驾驶人踩加速踏板动作，变成由电信号精确传递驾驶人动作，且兼顾提高了动力性、经济性、操纵稳定性和乘坐舒适性。在智能网联汽车中，可将线控驱动系统通过 VCU 与计算平台结合起来，通过计算平台替代驾驶人（踩加速踏板、操作换档机构等）向汽车发送行驶意图。例如，当环境感知传感器检测到前方交通信号灯由红变绿时，环境感知传感器将交通信号灯为绿灯信号发送给计算平台，计算平台经分析后，向 VCU 发送请求执行起步信号，VCU 将信号再次处理后，发送给线控驱动系统，线控驱动系统根据命令实现汽车的自动起步，可避免因驾驶人精力不集中引起的起步慢问题，如图 4-1 所示。线控驱动系统除了可以实现自动起步外，还可以实现自动跟车行驶、停车时自动切换到驻车档等，智能地根据车况及时做出相应处理。

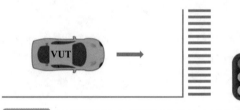

图 4-1 智能网联汽车线控驱动系统自动起步

项目目标

知识目标

◇ 线控油门系统的定义、结构、工作原理、特点。

◇ 线控换档系统的定义、结构、工作原理、特点。

◇ 线控驱动电机及控制器系统的结构、工作原理。

◇ 线控驱动系统的通信原理。

◇ 线控驱动系统的电路图。

◇ 线控驱动系统部件插接器针脚定义。

能力 / 技能目标

◇ 能够独立拆装线控驱动系统。

◇ 能够正确调试线控驱动系统。

◇ 能够准确检测线控驱动系统出现的故障。

素养目标

◇ 能够自觉遵守法律、法规以及技术标准规定。

◇ 能够和同学及教学人员建立良好的合作关系。

◇ 能够在实际操作过程中，培养动手实践能力，注重培养质量意识、安全意识、节能环保意识和规范操作等职业素养。

任务一　智能网联汽车线控驱动系统拆装

任务目标

◇ 掌握线控驱动系统的结构和工作原理。

◇ 了解线控油门系统的定义和特点，并掌握其结构和工作原理。

◇ 了解线控换档系统的定义和特点，并掌握其结构和工作原理。

◇ 掌握驱动电机及其控制器的结构和工作原理。

◇ 能够独立拆装线控驱动系统。

情境导入

小张刚入职一家汽车公司，成为一名汽车底盘装配工，公司对于每年新招入的员工都会集中进行一次培训，便于更快地了解公司情况以及各个岗位职责，近几天的培训是小张很感兴趣的课程，是关于智能网联汽车的线控驱动系统的知识，这是小张之前没有接触过的底盘线控领域，今天跟着培训讲师，小张学到了线控油门系统、线控换档系统的定义，并知道了它们的结构、工作原理和特点。同时，对于线控驱动系统中的电机和电机控制器进行了深入学习，除了结构、工作原理等理论知识的学习外，还在教学车上进行了电机和电机控制器的装配，通过这次培训，小张收获颇多，对今后的工作有了更多的信心。

下面，我们就一起重温一下小张的学习过程吧！

4.1.1 线控驱动系统结构与工作原理

智能网联汽车的线控驱动系统由电机、电机控制器、加速踏板、变速杆（或按键、旋钮）和机械传动装置等构成。在选用人工驾驶模式时，VCU 通过接收变速杆（或按键、旋钮）信号、加速踏板上的传感器信号等，判断汽车行驶方向和行驶速度，然后通过 CAN 总线发送给电机控制器（MCU），控制电机（M）的转向和转速，并经机械传动装置驱动车轮使车辆行驶，如图 4-2 所示。

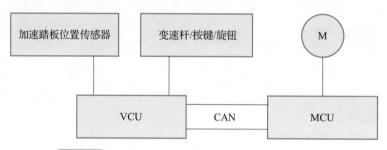

图 4-2 智能网联汽车线控驱动系统工作原理（一）

在选用自动驾驶模式时，如图 4-3 所示，计算平台通过接收的各环境传感器反馈的信号，判断汽车行驶方向、行驶速度等，通过 CAN 总线发送给 VCU，VCU 经计算后再通过 CAN 总线发送给电机控制器，控制电机的转向和转速，并经机械传动装置带动车轮使车辆行驶。其中，计算平台替代了驾驶人的驾驶意图，包括踩加速踏板、操纵变速杆（或按键、旋钮）等，实现了自动驾驶。

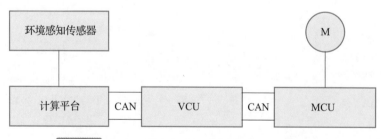

图 4-3 智能网联汽车线控驱动系统工作原理（二）

在本书中，将加速踏板所在的系统称为线控油门系统，将变速杆（或按键、旋钮）所在的系统称为线控换档系统，将电机和电机控制器分别称为线控驱动电机和线控驱动电机控制器，如图 4-4 所示。

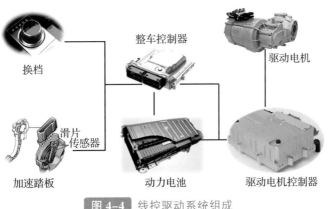

图 4-4 线控驱动系统组成

4.1.2 线控油门系统结构与工作原理

1. 线控油门系统定义

线控油门系统是通过传感器采集传送加速踩踏深浅与快慢的信号，从而实现踏板功能的电子控制，这个信号会被控制单元接收和解读，然后再发出控制指令，控制行驶速度。

2. 线控油门系统结构与工作原理

线控油门系统根据行驶动力来源不同分为燃油汽车线控油门系统、纯电动汽车线控油门系统，而纯电动汽车是智能网联汽车的最佳载体，本书只讲解纯电动汽车线控油门系统。

智能网联汽车/纯电动汽车线控油门系统，驱动系统能量由动力电池提供，这时"油门"控制的是驱动电机的转矩和转速，它和计算平台、VCU、MCU等一同实现车辆的加减速，如图 4-5 所示，此时"线控油门"称为"线控加速踏板"更贴切。智能网联汽车选

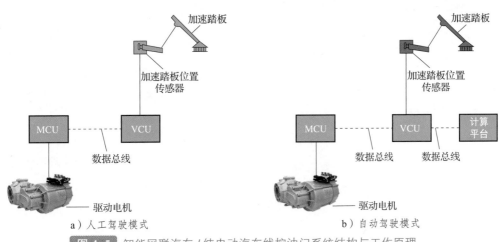

a）人工驾驶模式　　　　　　　　b）自动驾驶模式

图 4-5 智能网联汽车/纯电动汽车线控油门系统结构与工作原理

用自动驾驶模式时，计算平台通过周围环境信息融合计算出最佳行驶信息并发送给 VCU，由 VCU 向 MCU 发送踏板踩下度等信息，MCU 控制驱动电机的转矩和转速。纯电动汽车驾驶即为智能网联的人工驾驶，其 VCU 通过踏板位置传感器检测驾驶人驾驶意图，同样 VCU 向 MCU 发送踏板踩下度等信息，由 MCU 控制驱动电机的转矩和转速。

3. 线控油门系统特点

线控油门系统具有如下优点：

1）舒适性、经济性好。电子加速踏板能根据踩踏板的动作幅度细节来判断驾驶者的意图，综合车况精确合理地控制执行器，使经济性和驾驶舒适性同时达到最佳状态。

2）稳定性高。线控油门系统在收到踏板信号后会进行分析判断，再给执行单元发送合适指令保证车辆稳定行驶。

线控油门系统还具有如下缺点：工作原理相对较为复杂，成本较高。相比传统油门，在硬件上，需要添加加速踏板位置位移传感器，并且增加 ECU 接线；在软件上，需要开发分析位置传感器信号，并且综合车况给出最优控制指令的算法，集成在车载 ECU 上，增加开发成本。

4.1.3 线控换档系统结构与工作原理

1. 线控换档系统定义

在过去很长一段时间里，汽车换档器一直惟机械变速杆独尊。驾驶人推动变速杆，通过一根换档拉索带动变速器的换档摇臂动作，实现 P/R/N/D 位切换。驾驶人的错误操作都是通过硬件结构来阻止的，而硬件结构在较大的操作力及极限工况下可能会被损坏或突破，无法完全保证驾驶人的安全。现有的车辆换档装置由选换档操纵机构、换档拉索和自动变速器三部分组成，结构较复杂。选换档操纵机构的体积及重量较大，仪表台的空间布置受到很大限制，更会影响内饰的美观性。

线控换档系统是实现智能驾驶的核心部件，它一方面省去传统机械式结构，换档器体积小、布置灵活；另一方面可实现电控换档，为辅助驾驶和自动驾驶奠定基础。相比传统换档机构，线控换档没有了拉索的束缚，整个系统变得更轻、更小、更智能，且能判断出驾驶人的换档错误操作，避免对变速器造成损伤，从而更好地保护变速器并且能纠正驾驶者的不良换档操作习惯。

目前，市场上主要的线控换档器操纵机构形式有 4 种：按键式、旋钮式、怀档式和档杆式，如图 4-6 所示。其中按键式的代表车型有林肯 MKZ、本田冠道，阿斯顿·马丁等；旋钮式的代表车型有捷豹、路虎极光、长安福特金牛座、长安新蒙迪欧、长安奔奔、凯翼 C3、北汽 EV200、北汽 EC180、奇瑞 EQ 等；怀档式的代表车型有宝马 E56/E66、奔驰 S 级；档杆式的代表车型有奥迪 A8L、宝马 5 系、领克全系。

a）按键式　　　　　　　　　　　b）旋钮式

c）怀档式　　　　　　　　　　　d）档杆式

图 4-6　线控换档器分类

这些新型线控换档器的出现，相较于传统机械换档器更安全、更智能、更易体现科技豪华感，线控换档技术未来将会是国内外主流车型的标准配置。随着无线通信、人工智能、大数据及云计算等新技术不断应用到汽车领域，将不断驱动汽车智能化、网联化、电动化及共享化的研发与应用，汽车从单一的出行工具逐步转变为生活中的"第三空间"；线控换档器的发展将面临诸多的机遇与挑战。

2. 线控换档系统结构

线控换档系统由换档选择模块、换档电控单元、换档执行单元、驻车控制 ECU、驻车执行机构和档位指示灯组成。

3. 线控换档系统工作原理

当选用人工驾驶模式时，驾驶人通过操纵杆的传感器将换档信号传递给电控单元，电控单元处理信号后将指令发给换档电机，实现前进档、倒车档、空档、驻车档的转换。

当选用自动驾驶模式时，驾驶人操纵换档选择模块的人工驾驶操作，将变为汽车自动判断所需档位并进行自动换档的自动驾驶操作，实现前进档、倒车档、空档、驻车档的转换。

4. 线控换档系统特点

相比较于传统的手动档，线控换档系统具有如下优点：

1）质量更轻，有利于轻量化。

2）体积更小，节省储物空间。

3）布置位置灵活，形式多变，科技感十足，可提高品牌竞争力。

4）便于集成附加功能，如 APA 全自动泊车、自动 P 位请求、实现手动 / 自动换档模式、驾驶人安全带保护、车门打开安全保护，有助于实现整车防盗功能、多重硬线唤醒功能、驾驶习惯学习功能等。

5）对于电子换档＋手动变速器来说，驾驶人的换档错误操作会由电脑判断出是否会对变速器造成损伤，从而更好地保护变速器并且纠正驾驶者的不良换档操作习惯。

4.1.4 线控驱动电机及控制器结构与工作原理

1. 驱动电机结构与工作原理

线控驱动电机结构与工作原理

驱动电机是线控驱动系统中的核心部件，可以将电能转换为机械能。智能网联汽车主要以纯电动汽车为主，常见的驱动电机有直流电机、交流异步电机、永磁同步电机和开关磁阻电机。在各类驱动电机中，永磁同步电机具有高效、高控制精度、高转矩密度、良好的转矩平稳性及低振动噪声等特点，在纯电动汽车中，永磁同步电机应用更为广泛，因此下面仅介绍永磁同步电机的结构及其工作原理。

所谓永磁，是指在制造电机转子时加入永磁体，使电机的性能得到进一步的提升。而所谓同步，则指的是转子的转速与定子绕组的电流频率始终保持一致。因此，通过控制电机的定子绕组输入电流频率，电动汽车的车速可以被完全控制。由于永磁体的磁性是固定的，在定子中产生的旋转磁场会带动永磁体旋转，最终达到同一转速，即"同步"。

永磁同步电机的结构主要由机座、转子、定子、电机温度传感器、前后端盖等组成，如图 4-7 所示。

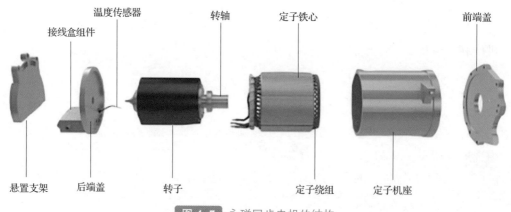

图 4-7 永磁同步电机的结构

永磁同步电机的工作原理如图 4-8 所示，定子绕组中通入三相电流，在通入电流后就会在电机的定子绕组中形成旋转磁场，由于在转子上安装了永磁体，永磁体的磁极是固定的，根据磁极的同性相斥异性相吸的原理，在定子中产生的旋转磁场会带动转子进行旋转，最终达到转子的旋转速度与定子中旋转磁极的旋转速度相等。

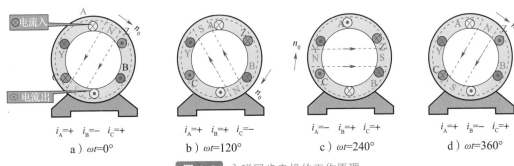

a）$\omega t=0°$　　b）$\omega t=120°$　　c）$\omega t=240°$　　d）$\omega t=360°$

图 4-8　永磁同步电机的工作原理

2. 驱动电机控制器结构与工作原理

驱动电机控制器是驱动电机及控制系统的核心，是连接动力电池与驱动电机的电能转换单元（图 4-9）。根据 GB/T 18488.1—2015《电动汽车用驱动电机系统第 1 部分：技术条件》对驱动电机控制器的定义，驱动电机控制器就是控制动力电源与驱动电机之间能量传输的装置，由控制信号接口电路、驱动电机控制电路和驱动电路组成。

线控驱动电机控制器结构与工作原理

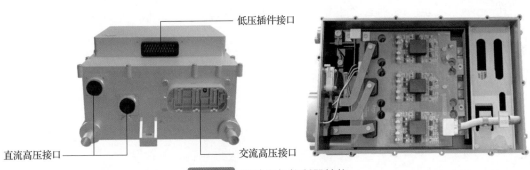

图 4-9　驱动电机控制器结构

控制模块包括硬件电路和相应的控制软件。硬件电路主要包括处理器保护系统、状态监测电路、硬件保护电路，数据通信电路。控制软件根据不同类型电机的特点，实现相应的控制算法。

驱动器微控制器对电机的控制信号转换为驱动功率变换器的驱动信号，并实现功率信号和控制信号的隔离。

功率变换模块对电机电流进行控制。电动汽车经常使用的功率器件有大功率晶体管、门极可关断晶闸管、功率场效应管、绝缘栅双极晶体管以及智能功率模块等。

电机驱动汽车前行，而电机控制器驱动电机工作。控制器接受电机转速等信号，并反馈到仪表上，当发生制动或者加速行为时，控制器控制变频器频率的升降，从而达到加速或者减速的目的。

4.1.5 线控油门系统单踏板模式介绍

针对纯电动汽车上使用的线控油门开发出了制动能量回收功能，当驾驶人减小踏板力时，系统认为驾驶人具有减速的需求，这时候通过 ECU 发送指令，在没有踩踏制动踏板的情况下，车辆实现制动能量回收，这个功能在业界称为"单踏板"。

"单踏板"顾名思义就是一种集成了加速和制动功能的踏板，以控制车辆的加、减速。其工作原理是：一旦松开加速踏板，再生制动系统就会介入工作，通过回收动能降低车速；即它可以依靠单个踏板实现汽车的起步、加速、稳态、减速和停车全过程并在减速过程中同时实现能量回收，改变了传统的加、减速双踏板布置形式。目前，采用"单踏板"驾驶模式的车型有：宝马 i3、雪佛兰 Bolt EV、Tesla Model X、长安 EV460、名爵 EZS 和日产 Leaf 等。

"单踏板"驾驶模式并不是只有一个踏板，其踏板系统由一个"主踏板"和一个"辅助减速踏板"组成，其中"主踏板"可以实现的加减速能力，可以满足日常的大部分车辆操作；"辅助减速踏板"是在"主踏板"制动减速度不能满足驾驶人意图时的紧急制动踏板。

其中，"主踏板"分为三个主要控制行程，即加速行程、减速行程和恒速行程。加速行程是驾驶人踩下踏板的过程，随着踏板踩下深度的增加，输出驱动转矩随之增大；减速行程是驾驶人松开主踏板的过程，随着踏板深度的减少输出转矩由正转矩到负转矩变化；恒速行程是驾驶人松开踏板到某一开度区间内，电机输出转矩为零或是刚好与外界阻力相平衡。

"单踏板"驾驶模式可以降低驾驶人的劳动强度，提高舒适性。提高了操作效率和能量回收效率，使驾驶变得越来越简单，越来越智能。

"单踏板"作为一种新型踏板集成了"加速踏板"和"制动踏板"的功能，改变了传统的驾驶模式和驾驶方式，有效地提高了操作效率和能量回收效率，节能与便利一体化。但是需要新客户有一些适应的时间，并且驾驶全程都需要对踏板有所操作，否则会快速停车，也会对驾驶人造成一定的心理负担，利弊权衡还需进一步提高。

 技能实训

一、实训规则

1. 目的

为了规范实训教学，保证学生的安全，为实训教学提供一个良好的学习环境，使实训教学有组织、有纪律、高质量地进行，特制定本规则。

2. 规则

（1）学生实训前必须将劳保用品穿戴整齐，做好准备工作准时上课。

（2）学生不得擅自离开实训岗位、实训场所。有事要请假，返回岗位时应向教师报告，进行销假，未经实训教师允许不得调换岗位和设备，更不允许乱动设备。

（3）学生必须严格遵守安全技术操作规程。

（4）认真学习，虚心接受实训老师的指导，按时按课题完成实训任务，确保实训质量，不断提高操作技能技巧。

（5）爱护公共设施和设备、工具、材料等，不准做私活，更不允许私拿公物，如丢失和损坏，按照相关制度赔偿。

（6）学生进入实训场地，不准嬉笑打闹，更不允许动用实训工具、材料打闹，要做到文明礼貌。

（7）学生在实训中要按照学校安排积极参加建校劳动和生产劳动。

（8）学生在实训场地和教室要做到"六无"，即无烟头、无碎纸、无痰迹、无饭菜、无瓜果皮核、无乱写乱画。

（9）下课前将自己所用的设备、工具、材料整理并归位，清理卫生，切断电源，经实训教师同意后方可离开实训场所。

二、实训注意事项

（1）在对线控驱动系统进行拆装前时，需要佩戴棉线防护手套/高压防护手套，以保护我们的手部，防止刮伤/触电。

（2）在使用万用表对线控驱动系统进行故障检查时，测量档位及量程一定要选对，否则影响测量结果。

（3）在使用诊断仪测量线控驱动系统故障码和数据流时，一定要将车辆起动开关置于 ON 档或起动档状态。

（4）高压线束和电机控制器上标注有对应的相位符号，禁止接错接反。

（5）电机控制器外接有多个插接器，如需拆卸时，需要做好标签，以免误插接、漏插接，造成人和车的安全事故。

（6）驱动电机系统若是水冷却系统时，在拆卸前需将冷却液排干净，在装配后需添加冷却液至规定位置。

4.1.6 线控驱动系统组装

工作页 4-1 "线控驱动系统组装"工作页					
所在组组名			学生姓名		
完成时间	45min	技术技能等级	中	危险度等级	低

操作设备说明

本书中线控驱动系统组装任务以智能网联汽车底盘线控实验实训台为载体，开展针对线控转向、线控制动、线控驱动的实训，完成工作原理认知、通信及协议认知、装配调试与故障检测等理实一体化教学。

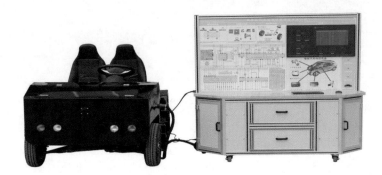

1. 任务准备

- ◇ 操作设备：底盘线控系统测试装调实验实训台。
- ◇ 工具/仪器：常用拆装工具套装、橡胶锤、卡簧钳、螺钉旋具套装。
- ◇ 人员分工：组长 1 名，记录人员 2 名，检验人员 2 名，操作人员若干，以上人选角色可通过选举、抽签及教师指定等来担任，通过多个任务的训练，争取让每个学生轮流担任每个角色，最终能够提升学生自身综合能力。
- ◇ 实训场地：智能网联汽车线控技术实训室。

2. 任务实施

参照以下操作步骤进行线控驱动系统组装技能训练。

步骤	图示
第一步 将滑动拨叉安装至加速踏板总成支架上。	

步骤	图示
第二步 安装加速踏板位置传感器，并安装固定螺栓，按规定力矩拧紧。	
第三步 将整车控制器电路板准确放入上壳体安装位置。	
第四步 安装下壳体，并紧固固定螺栓，按规定力矩拧紧。	
第五步 将 IGBT 电路板安装到驱动电机下壳体内。	
第六步 安装电机控制器输出 U/V/W 三相交流电接线柱，安装接线柱绝缘固定螺栓，并按规定力矩拧紧。	
第七步 安装主控制电路板的下支撑固定螺栓。	

步骤	图示
第八步 安装电机主控制电路板。	
第九步 将电机主控制连接主正的高压接线柱连接至控制电路板上，安装绝缘固定螺栓。	
第十步 安装主控制电路板固定螺栓。	
第十一步 将电机控制器低压线束穿过装配孔，并使用扳手紧固线束固定螺栓。	
第十二步 参照电路图或生产手册将所有插接器连接至电路板上。	
第十三步 安装电机控制器上端盖，并安装紧固所有螺栓。	

步骤	图示
第十四步 安装电机控制器输出和输入高压接线柱的密封绝缘胶圈。	

3. 任务评价

完成实训任务后，对任务完成情况进行评价。

4.1.7 线控驱动系统拆装

工作页 4-2 "线控驱动系统拆装"工作页					
所在组组名			学生姓名		
完成时间	45min	技术技能等级	中	危险度等级	中

操作设备说明

本书中线控驱动系统拆装任务以智能网联教学车为载体，开展针对线控转向、线控制动、线控驱动的实训，完成工作原理认知、系统装配、功能调试、教学车测试的理实一体化培训教学。

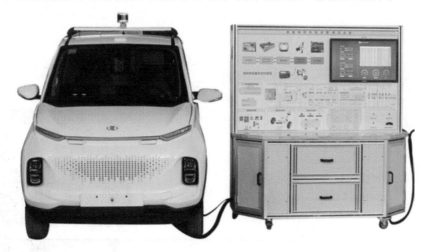

1. 任务准备

◇ 操作设备：智能网联教学车。

◇ 工具/仪器：常用拆装工具套装、螺钉旋具套装、驱动电机举升设备等。

◇ 人员分工：组长 1 名，记录人员 2 名，检验人员 2 名，操作人员若干，以上人选角色可通过选举、抽签及教师指定等来担任，通过多个任务的训练，争取让每个学生轮流担任每个角色，最终能够提升学生自身综合能力。

❖　实训场地：智能网联汽车线控技术实训室。

2. 任务实施

参照以下操作步骤进行线控驱动系统拆装技能训练。

拆装前防护	
步骤	图示
个人防护，维修人员需穿着高压防护手套、高压防护鞋和高压防护衣。	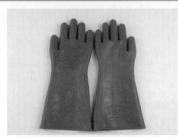
整车防护，车内部需铺上转向盘套、座椅套和脚垫。车外部需铺上格栅和翼子板防护。	

线控驱动系统整车拆卸	
步骤	图示
第一步 断开蓄电池负极，然后等待 2min。	
第二步 分离洗涤器喷水电机插接器，并拆卸车窗玻璃洗涤器储液罐。 注意　必须回收洗涤液。	

步骤	图示
第三步 分离驱动电机控制器所有低压插接器，低压插接器线束包括 CAN 线、起动使能、制动信号、电机温度信号等。 注意　电机控制器外接有多个插接器，拆卸时，需要做好标签，以免误插接或漏插接，造成人和车的安全事故。	
第四步 分离驱动电机控制器输入高压线束主正、主负，此演示教学车配备有 DC-DC 变换器，DC-DC 变换器的高压线束同电机控制器共用，高压线束在电机控制器上外接至 DC-DC 变换器。	
第五步 分离驱动电机控制器输出高压线束 U/V/W，先分离 W 相线束，再分离 V 相线束，接着分离 U 相线束。	
第六步 分离驱动电机与驱动电机控制器之间的高低压线束，先分离低压插接器，后分离高压插接器。	
第七步 拆卸驱动电机控制器固定螺栓，并将驱动电机控制器取下。	

步骤	图示
第八步 操作举升机举升车辆至合适位置，使用驱动电机举升设备，将其托盘升至接近驱动电机位置，拆卸驱动电机机脚的固定螺栓。	
第九步 拆卸驱动电机的固定螺栓，并将驱动电机取下。线控驱动系统整车拆卸完成。	

线控驱动系统整车装配	
步骤	图示
第一步 安装驱动电机，使用驱动电机举升设备，将其托盘升至接近驱动电机安装位置，将驱动电机轴装入主减速器，安装固定螺栓，并按规定力矩拧紧。	
第二步 安装驱动电机机脚固定螺栓，并按规定力矩拧紧。	
第三步 回收驱动电机举升设备，操作举升机下降车辆至地面，将驱动电机控制放入安装位置，安装固定螺栓，并按规定力矩紧固。	

步骤	图示
第四步 连接驱动电机与驱动电机控制器之间的高低压线束，先连接高压插接器，然后连接低压插接器。	
第五步 连接驱动电机控制器输出高压线束 U/V/W，先连接 U 相线束，再连接 V 相线束，接着连接 W 相线束，最后按规定力矩拧紧固定螺栓。 （注意）高压线束和电机控制器上标注有对应的相位符号，禁止接错接反。	 
第六步 连接驱动电机控制器输入高压线束主正、主负。	
第七步 连接驱动电机控制器所有低压插接器，低压插接器线束包括 CAN 线、起动使能、制动信号、电机温度信号等。	
第八步 将车窗玻璃洗涤器储液罐装回原车，并安装固定螺栓，连接洗涤器喷水电机，并添加洗涤液。	
第九步 安装蓄电池负极，并按规定力矩紧固。线控驱动系统整车安装完成，撤除车外及车内防护。	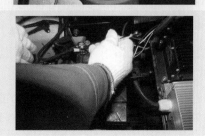

3. 任务评价

完成实训任务后，对任务完成情况进行评价。

任务二 智能网联汽车线控驱动系统调试

任务目标

◇ 掌握线控驱动系统的通信原理。

◇ 能够将调试数据解析成 CAN 报文，完成自动驾驶模式下 MCU 的调试。

◇ 能够根据当前 MCU 反馈的信息，计算出 VCU 向计算平台发送的 CAN 报文。

情境导入

小赵正在测试一辆智能网联汽车的驱动系统，主要测试车速和档位（驻车档 P，空档 N，倒车档 R，前进档 D）。

小赵测试完毕后，查看调试界面上显示 VCU 反馈了 1 个报文，为 "0D000001E803524E（ID：0x101）"，小赵通过对该报文进行解析，得知汽车向前行驶，自动驾驶模式，车辆状态正常，驱动电机处于耗电状态，转矩为 5N·m，车速为 100km/h，转向角度为 0°。

小赵是如何通过 CAN 报文调试线控驱动系统的呢？又是如何解析 VCU 反馈的报文得到线控驱动系统状态的呢？

应知应会

4.2.1 线控驱动系统通信原理

线控转向系统用于控制汽车的行驶方向，线控制动系统用于控制汽车的减速和制动，线控驱动系统用于控制汽车的行驶速度。基于电动汽车开发的智能网联汽车，汽车的动力来源于动力电池，动力电池由动力电池控制器（BMS）控制，人工驾驶模式时，通过上位机发送调试指令为避免与 VCU 当前指令冲突，需断开 VCU 的 CAN 总线，但 VCU 的 CAN 总线断开会导致 BMS 失去使能唤醒信号，或主正 / 负继电器不吸合等故障，造成动力电池的高压电不向外输出，从而使线控驱动系统中的驱动电机控制器不工作，汽车无法行驶。在此，人工驾驶的调试只介绍通信原理，不做实训内容，实训内容通过自动驾驶模式进行调试，即线控系统联合调试。

1. 人工驾驶模式下，线控驱动系统通信原理

人工驾驶模式下，线控驱动系统的通信主要存在于 VCU 与 MCU 之间，包括 VCU 向 MCU 发送的驱动指令以及 MCU 向 VCU 发送的电机状态、电机控制器状态等反馈信息。VCU 与 MCU 之间的通信波特率为 500kbit/s，报文采用 Motorola 格式，帧格式为标准帧。

（1）VCU 向 MCU 发送 CAN 报文协议

VCU 向 MCU 发送 CAN 报文的协议见表 4-1，报文 ID 为 0x301，报文周期为 100ms，报文长度为 8 字节：

1）Byte0 用来设置电机控制器使能信号和控制模式：bit0 用来设置电机控制器的工作使能状态，bit0=0 时，未触发工作使能信号，当 bit0=1 时，触发工作使能信号；bit1 用来设置电机控制器的放电使能状态，bit1=0 时，未触发放电使能信号，当 bit1=1 时，触发放电使能信号；bit2~bit3 用来设置电机控制器的控制模式，当 bit2~bit3=0 时，为转速控制模式，当 bit2~bit3=1 时，为转矩控制模式，当 bit2~bit3=2 时，为无效信号；其余 4 位为预留位，默认值都为 0。

2）Byte2~Byte3 用来设置踏板开度，有效值为 0~1000，精度是 0.1%，物理量为 0%~100.0%，如设置 80% 的踏板开度，先计算踏板有效值，即 80%÷0.1%=800，转换成两字节的 16 进制数为 0x0320，由于 Byte2 为低字节，Byte3 高字节，则 Byte2=0x20，Byte3=0x03，则 Byte2~Byte3=0x2003。

3）Byte4~Byte5 用来设置电机转速命令，MCU 根据接收的电机转速命令值，驱动电机工作到对应的电机转速，其中电机转速命令值 = 踏板有效值 ×2.7。如踏板有效值为 100，则电机转速命令值 =100×2.7=270，换算成 16 进制值为 0x010E，由于 Byte4 为低字节，Byte5 高字节，则 Byte4=0x0E，Byte5=0x01，则 Byte4~Byte5=0x0E01。

4）Byte6 用来设置档位：Byte6=0x00 时，表示挂驻车档（P）；Byte6=0x01 时，表示挂倒车档（R）；Byte6=0x02 时，表示挂空档（N）；Byte6=0x03 时，表示挂前进档（D）。

5）Byte1 和 Byte7 为预留字节，默认 Byte1=0x00，Byte7=0x00。

表 4-1　VCU 向 MCU 发送 CAN 报文的协议（ID：0x301，周期：100ms）

字节		定义	格式
Byte0	bit0	电机控制器工作使能	0：未使能；1：使能
	bit1	电机控制器放电使能	0：未使能；1：使能
	bit2~bit3	控制模式	0：转速模式；1：转矩模式；2：无效
	bit4~bit7	预留	\

（续）

字节		定义	格式
Byte1		预留	—
Byte2	低字节	踏板开度	有效值：0~1000，精度 0.1%，物理量 0%~100.0%
Byte3	高字节		
Byte4	低字节	电机转速命令	电机转速命令值 = 踏板有效值 × 2.7
Byte5	高字节		
Byte6		档位状态	0x00：P 档；0x01：R 档；0x02：N 档；0x03：D 档
Byte7		预留	—

（2）MCU 向 VCU 发送 CAN 报文协议

MCU 向 VCU 发送 CAN 报文的协议 ID 有 3 个，协议见表 4-2~ 表 4-4。

1）报文 ID0x310，报文周期 200ms，报文长度 8 字节（表 4-2）

① Byte0 用来反馈当前驱动电机的状态：Byte0=0x01 时，表示驱动电机当前处于耗电状态；Byte0=0x02 时，表示驱动电机当前处于发电状态；Byte0=0x03 时，表示驱动电机当前处于关闭状态；Byte0=0x04，表示驱动电机当前处于准备状态；Byte0=0xFE 时，表示当前驱动电机异常；Byte0=0xFF 时，为无效信号。

② Byte1 用来反馈当前驱动电机控制器的温度，有效值范围为 0~250，数值偏移量 -40，表示 -40~210℃。如 MCU 反馈的报文中 Byte1=0x46，换算成 10 进制值为 70，进行数值偏移计算后为 70-40=30，表示当前驱动电机控制器的温度为 30℃。

③ Byte2 用来反馈当前驱动电机的温度，有效值范围为 0~250，数值偏移量 -40，表示 -40~210℃。如 MCU 反馈的报文中 Byte2=0x46，换算成 10 进制值为 70，进行数值偏移计算后为 70-40=30，表示当前驱动电机的温度为 30℃。

④ Byte5 用来反馈当前驱动电机的故障数，范围为 1~50，精度为 1，无偏移。如 MCU 反馈的报文中 Byte5=0x01，换算成 10 进制值为 1，表示当前驱动电机反馈的故障有 1 个。

⑤ Byte6 用于反馈驱动电机故障码，各故障码对应的具体故障详见表 4-2。

⑥ Byte3、Byte4、Byte7 都为预留字节，默认 Byte3=0x00，Byte4=0x00，Byte7=0x00。

表 4-2 MCU 向 VCU 发送 CAN 报文的协议（1）（ID：0x310，周期：200ms）

字节	定义	格式
Byte0	驱动电机状态	0x01 耗电状态；0x02 发电状态；0x03 关闭状态；0x04 准备状态；0xFE 表示异常；0xFF 表示无效
Byte1	驱动电机控制器温度	有效值范围：0~250，数值偏移量 -40，物理值 -40~210℃
Byte2	驱动电机温度	有效值范围：0~250，数值偏移量 -40，物理值 -40~210℃

（续）

字节	定义	格式
Byte3	预留	\
Byte4	预留	\
Byte5	驱动电机故障数	精度：1，偏移 0，物理值 1~50
Byte6	驱动电机故障码	<表格见下>
Byte7	预留	\

故障码	故障	故障码	故障
0x00	无故障	0x01	U 相过电流
0x02	V 相过电流	0x03	W 相过电流
0x04	硬件过电流	0x05	功率模块故障
0x06	母线过电流	0x07	母线过电压
0x08	母线欠电压	0x09	电机超速
0x0A	电机过载	0x0B	控制器过载
0x0C	电机过热	0x0D	控制器过热
0x0E	电机温度传感器故障	0x0F	控制器温度传感器故障
0x10	电机编码器故障	0x11	电机堵转故障
0x14	实时故障 1	0x15	相电流传感器故障
0x16	母线电流传感器故障	0x17	电机失控
0x1C	转向信号故障	0x1D	通信故障
0x28	实时故障 2	0x29	实时故障 3

2）报文 ID0x311，报文周期 200ms，报文长度 8 字节（表 4-3）

① Byte0~Byte1 用来反馈当前驱动电机的转速，有效值范围为 0~65531，数值偏移量 -20000，表示 -20000~45531r/min，最小计量单元为 1r/min。如 MCU 反馈的报文中 Byte0~Byte1=0x0852，进行高低字节变换后 MCU 反馈的驱动电机转速的 16 进制值为 0x5208，换算成 10 进制值为 21000，进行数值偏移计算后为 21000-20000=1000，表示当前驱动电机转速为 1000r/min。但当 MCU 反馈的报文中 Byte0=0xFF、Byte1=0xFE，表示出现异常；当 MCU 反馈的报文中 Byte0=0xFF、Byte1=0xFF，表示反馈的信号无效。

② Byte2~Byte3 用来反馈当前驱动电机的转矩，有效值范围为 0~65531，数值偏移量 -20000，表示 -2000~4553.1N·m，其中正值为前进时的转矩，负值为倒车时的转矩，最小计量单元为 0.1N·m。如 MCU 反馈的报文中 Byte2~Byte3=0x524E，进行高低字节变换后 MCU 反馈的驱动电机转矩的 16 进制值为 0x4E52，换算成 10 进制值为 20050，进行数值偏移计算后为 20050-20000=50，表示当前汽车正在向前行驶，且此时驱动电机的转矩为 50×0.1N·m=5N·m。但当 MCU 反馈的报文中 Byte2=0xFF、Byte3=0xFE，表示出现异常；

当 MCU 反馈的报文中 Byte2=0xFF、Byte3=0xFF，表示反馈的信号无效。

③ Byte4 用于反馈当前电机旋转状态：Byte4=0x01 时，电机反转（R 档）；Byte4=0x02 时，电机无转速（N 档）；Byte4=0x03 时，电机正转（D 档）。

④ Byte5 用于反馈当前驱动电机的控制模式：bit1=0 时，当前驱动电机为转速控制模式，该模式为默认的模式，bit1=1 时，当前驱动电机为转矩控制模式；bit2~bit5 为预留位，功能升级中，每位的值未定义；其余 3 位为预留位，默认值都为 0。

⑤ Byte6~Byte7 为预留字节，默认 Byte6=0x00，Byte7=0x00。

表 4-3　MCU 向 VCU 发送 CAN 报文的协议（2）（ID：0x311，周期：200ms）

字节		定义	格式
Byte0	低字节	驱动电机转速	有效值范围：0~65531，数值偏移量 –20000，表示 –20000 ~45531r/min
Byte1	高字节		最小计量单元：1r/min
			0xFF,0xFE 表示异常；0xFF,0xFF 表示无效
Byte2	低字节	驱动电机转矩	有效值范围：0~65531，数值偏移量–20000，表示 –2000~4553.1N·m
Byte3	高字节		最小计量单元：0.1N·m
			0xFF,0xFE 表示异常；0xFF,0xFF 表示无效
			备注：前进时转矩为正值，倒车时转矩为负值
Byte4		电机旋转状态	0x01：电机反转（R 档）；0x02：电机无转速（N 档）；0x03：电机正转（D 档）
Byte5	bit0	预留	—
	bit1	控制模式	0：转速模式（默认为转速模式）；1：转矩模式
	bit2~bit5	预留	功能升级中，值未定义
	bit6~bit7	预留	
Byte6~Byte7		预留	

3）报文 ID0x312，报文周期 500ms，报文长度 8 字节（表 4-4）

① Byte0~Byte1 用于反馈当前电机控制器的输入电压，有效值范围为 0~60000，表示 0~6000V，最小计量单元为 0.1V。如当前 MCU 反馈的报文中 Byte0~Byte1=0x5802，进行高低字节变换后 MCU 反馈的电机控制器输入电压的 16 进制值为 0x0258，换算成 10 进制值为 600，表示当前电机控制器的输入电压为 600×0.1V=60V。但当 MCU 反馈的报文中 Byte0=0xFF、Byte1=0xFE，表示出现异常；当 MCU 反馈的报文中 Byte0=0xFF、Byte1=0xFF，表示反馈的信号无效。

② Byte2~Byte3 用于反馈当前电机控制器的直线母线电流，有效值范围为 0~20000，数值偏移量 –10000，表示 –1000~+1000A，最小计量单元为 0.1A。如当前 MCU 反馈的

报文中 Byte2~Byte3=0x3C28，进行高低字节变换后 MCU 反馈的电机控制器直线母线电流的 16 进制值为 0x283C，换算成 10 进制值为 10300，进行数值偏移计算后为 10300–10000=300，表示当前电机控制器的直线母线电流为 300×0.1A=30A。但当 MCU 反馈的报文中 Byte2=0xFF、Byte3=0xFE，表示出现异常；当 MCU 反馈的报文中 Byte2=0xFF、Byte3=0xFF，表示反馈的信号无效。

③ Byte4~Byte7 为预留字节，默认每个字节值都为 0x00。

表 4–4　MCU 向 VCU 发送 CAN 报文的协议（3）（ID：0x312，周期：500ms）

字节		定义	格式
Byte0	低字节	电机控制器输入电压	有效值范围：0~60000，表示 0~6000V 最小计量单元：0.1V 0xFF,0xFE 表示异常；0xFF,0xFF 表示无效
Byte1	高字节		
Byte2	低字节	电机控制器直线母线电流	有效值范围：0~20000，数值偏移量 –10000，表示 –1000~+1000A
Byte3	高字节		最小计量单元：0.1A 0xFF,0xFE 表示异常；0xFF,0xFF 表示无效
Byte4~Byte7		预留	—

2. 自动驾驶模式下，线控驱动系统通信原理

自动驾驶模式，线控驱动系统的联合调试通信主要存在于计算平台与 VCU 之间，包括计算平台向 VCU 发送的目标车速指令，以及 VCU 向计算平台发送当前车速信息等。计算平台与 VCU 之间的通信波特率为 500kbit/s，报文采用 Motorola 格式，帧格式为标准帧。

（1）计算平台向 VCU 发送 CAN 通信协议

计算平台向 VCU 发送 CAN 报文的协议见表 4–5，报文 ID 为 0x110，报文周期为 100ms，报文长度为 8 字节：

1）Byte0 用来设置灯光、喇叭、使能信号、档位。其中 bit0 可设置轮廓灯，当 bit0=0 时，轮廓灯关闭，当 bit0=1 时，轮廓灯打开；bit1 可设置近光灯，当 bit1=0 时，近光灯关闭，当 bit1=1 时，轮廓灯打开；bit2 可设置倒车灯，当 bit2=0 时，倒车灯关闭，当 bit2=1 时，倒车灯打开；bit3 可设置喇叭，当 bit3=0 时，喇叭关闭，当 bit3=1 时，喇叭打开；bit4 预留位，默认 bit4=0；bit5 为使能信号，当 bit5=0 时，计算平台向 VCU 不发出使能信号，当 bit5=1 时，计算平台向 VCU 发出使能信号；bit6~bit7 可设置档位，当 bit6~bit7=0x00 时，为 P 档，当 bit6~bit7=0x01 时，为 R 档，当 bit6~bit7=0x02 时，为 N 档，当 bit6~bit7=0x03 时，为前进档 D。

2）Byte1~Byte2 用来设置目标速度，有效值为 0~2200，最小计量单位 0.1km/h，表示 0~220km/h。如设置目标速度为 100km/h，先计算车速有效值，即 100÷0.1=1000，转换成两字节的 16 进制数为 0x03E8，由于 Byte1 为低字节，Byte2 高字节，则 Byte1=0xE8，

Byte2=0x03，则 Byte1~Byte2=0xE803。

3）Byte4~Byte5 用来设置转向角度，角度旋转到当前数值对应的角度，角度范围为 $-720°$ ~ $+720°$，逆时针旋转为正，顺时针旋转为负，$0°$ 为对应中点位置。举两个例子进行说明：设置转向角度为 $+80°$，数值 80 换算成两字节 16 进制数为 0x0050，由于 Byte4 为低字节，Byte5 高字节，则 Byte4=0x50，Byte5=0x00，因此 Byte4~Byte5=0x5000；设置转向角度为 $-80°$，需先将数值 80 进行转换，即 $16^4-80=65456$，数值 65456 换算成两字节 16 进制数，为 0xFFB0，同理根据 Byte4 和 Byte5 的字节高低情况，得 Byte4~Byte5=0xB0FF。

4）Byte6 用来设置制动使能和制动压力请求。bit0 为制动使能信号，表示 VCU 接收此信号作为制动有效，点亮制动灯，中断驱动电机，当 bit0=0 时，表示不使能制动，当 bit0=1 时，表示使能制动；bit1~bit7 为制动压力请求信号，最大行程点 125，最小行程点为 0，单位为个。如设置制动压力行程点 100 使能制动，数值 100 转换成二进制为 1100100，则 bit1~bit7=1100100，bit0=1 为使能制动，bit0~bit7=11001001，转换成 16 进制数为 0xC9，得 Byte6=0xC9。

5）Byte3 和 Byte7 为预留字节，默认 Byte3=0x00，Byte7=0x00。

表 4-5　计算平台向 VCU 发送 CAN 报文的协议（ID：0x110，周期：100ms）

字节		定义	格式
Byte0	bit0	轮廓灯	0：关闭；1：打开
	bit1	近光灯	0：关闭；1：打开
	bit2	倒车灯	0：关闭；1：打开
	bit3	喇叭	0：关闭；1：打开
	bit4	保留	—
	bit5	使能信号	0：未使能；1：使能
	bit6~bit7	档位	0x00：P 档；0x01：R 档；0x02：N 档；0x03：D 档
Byte1	低字节	目标车速	有效值范围：0~2200（表示 0~220km/h） 最小计量单元：0.1km/h 0xFF,0xFE 表示异常；0xFF,0xFF 表示无效
Byte2	高字节		
Byte3		预留	—
Byte4	低字节	转向角度	角度旋转到当前数值对应的角度（$-720°$ ~ $+720°$），逆时针旋转为正，顺时针旋转为负，$0°$ 为对应中点位置
Byte5	高字节		
Byte6	bit0	制动使能	1：使能制动；0：不使能制动
	bit1~bit7	制动压力请求	压力行程请求，最大行程点 125，最小行程点为 0，单位为个（当前将行程分成 125 个点）
Byte7		预留	—

（2）VCU 向计算平台发送 CAN 通信协议

VCU 向计算平台发送 CAN 报文的协议 ID 有 3 个，其通信协议见表 4-6~ 表 4-8，其中涉及线控驱动系统数据的通信协议为表 46，报文 ID 为 0x101，报文周期为 100ms，报文长度为 8 字节：

1）Byte0 用来反馈驾驶模式、档位、车辆状态，其中 bit0~bit1 可反馈驾驶模式，当 bit0~bit1=0 时，驾驶模式为人工控制，当 bit0~bit1=1 时，驾驶模式为自动控制，当 bit0~bit1=2 时，驾驶模式为遥控器模式；bit2~bit4 可反馈档位，当 bit2~bit4=0x00，表示档位为 P 档；当 bit2~bit4=0x01，表示档位为 R 档；当 bit2~bit4=0x02，表示档位为 N 档；当 bit2~bit4=0x03，表示档位为 D 档；bit5~bit6 为可反馈车辆状态，当 bit5~bit6=00，表示车辆状态正常，当 bit5~bit6=0x01，表示车辆一级报警，当 bit5~bit6=0x02，表示车辆二级报警，当 bit5~bit6=0x03，表示三级报警；bit7 为预留位，默认 bit7=0。

2）Byte1~Byte2 用来反馈当前转向角度，角度范围为 –720° ~+720°，逆时针旋转为正，顺时针选择为负，其中 0° 为对应中点位置。举两个例子进行说明：当前 VCU 向计算平台反馈的报文中 Byte1~Byte2=0x5000，进行高低字节变换后，得到 EPS 反馈角度的 16 进制值为 0x0050，换算成十进制值为 80，80 在最大的转向角度 720° 以内，可知为逆时针旋转，即当前逆时针旋转了 80°；当前 VCU 向计算平台反馈的报文中 Byte1~Byte2=0xB0FF，进行高低字节变换后，得到 EPS 反馈角度的 16 进制值为 0xFFB0，换算成十进制值为 65450，65450 大于最大的转向角度 720°，可知为顺时针旋转，还需再次进行计算，即 16^4–65450=80，表示当前顺时针旋转了 80°。

3）Byte3 用来反馈驱动电机状态，当 Byte3=0x01 时，表示驱动电机为耗电状态；当 Byte3=0x02 时，表示驱动电机为发电状态；当 Byte3=0x03 时，表示驱动电机为关闭状态；当 Byte3=0x04 时，表示驱动电机为准备状态；当 Byte3=0xFE 时，表示驱动电机异常状态；当 Byte4=0xFF 时，表示驱动电机无效。

4）Byte4~Byte5 用来反馈车速，有效值为 0~2200，最小计量单位 0.1km/h，表示 0~220km/h。如 VCU 向计算平台反馈报文中 Byte4~Byet5=0xE803，进行高低字节变换后，得到 VCU 反馈车速的 16 进制值为 0x03E8，换算成十进制值为 1000，表示当前车速为 1000 × 0.1km/h=100km/h。

5）Byte6~Byte7 用来反馈驱动电机转矩，有效值范围为 0~65531，数值偏移量 –20000，表示 –2000~4553.1N·m，其中正值为前进时的转矩，负值为倒车时的转矩，最小计量单元为 0.1N·m。如 VCU 向计算平台反馈报文中 Byte6~Byte7=0x524E，进行高低字节变换后，得到驱动电机转矩的 16 进制值为 0x4E52，换算成 10 进制值为 20050，进行数值偏移计算后为 20050-20000=50，表示当前汽车正在向前行驶，且此时驱动电机的转矩为 50 × 0.1N·m=5N·m。但当反馈的报文中 Byte6=0xFF、Byte7=0xFE 时，表示出现异常；当反馈的报文中 Byte6=0xFF、Byte7=0xFF 时，表示反馈的信号无效。

表 4-6　VCU 向计算平台发送 CAN 报文的协议（1）（ID：0x101，周期：100ms）

字节		定义	格式
Byte0	bit0~bit1	驾驶模式	0：人工控制模式（加速踏板＋档位）；1：自动模式（线控）；2：遥控器调试模式
	bit2~bit4	档位	0x00：P 档；0x01：R 档；0x02：N 档；0x03：D 档
	bit5~bit6	车辆状态	0x00：正常；0x01：一级报警；0x02：二级报警；0x03：三级报警
	bit7	预留	—
Byte1	低字节	当前角度	角度旋转到当前数值对应的角度（–720°~+720°），逆时针旋转为正，顺时针旋转为负，0° 为对应中点位置
Byte2	高字节		
Byte3		驱动电机状态	0x01：耗电；0x02 发电；0x03 关闭状态；0x04 准备状态；0xFE 表示异常，0xFF 表示无效
Byte4	低字节	车速	有效值范围：0~2200（表示 0~220km/h） 最小计量单元：0.1km/h 0xFF,0xFE 表示异常；0xFF,0xFF 表示无效
Byte5	高字节		
Byte6	低字节	驱动电机转矩	有效值范围：0~65531，数值偏移量 –20000，表示 –2000~4553.1N·m 最小计量单元：0.1N·m 0xFF,0xFE 表示异常；0xFF,0xFF 表示无效 备注：前进时转矩为正值，倒车时转矩为负值
Byte7	高字节		

表 4-7　VCU 向计算平台发送 CAN 报文的协议（2）（ID：0x102，周期：100ms）

字节		定义	格式
Byte0		故障码 1	
Byte1		故障码 2	
Byte2		故障码 3	
Byte3		故障码 4	
Byte4	最低字节	累计里程	有效值范围：0~9999999，表示 0~999999.9km 最小计量单元：0.1km。 0xFF,0xFF,0xFF,0xFE 表示异常 0xFF,0xFF,0xFF,0xFF 表示无效
Byte5	次低字节		
Byte6	次高字节		
Byte7	最高字节		

表 4-8　VCU 向计算平台发送 CAN 报文的协议（3）（ID：0x103，周期：100ms）

字节	定义	格式
Byte0	制动压力采样值	精度为 0.05MPa，偏移量为 0，范围为 0~10MPa
Byte1		
Byte2	预留	—
Byte3	预留	—
Byte4	预留	—
Byte5	预留	—
Byte6	SOC	有效值范围：0~100，表示 0%~100% 最小计量单元：1% 0xFE 表示异常，0xFF 表示无效
Byte7	预留	—

技能实训

一、实训规则

1. 目的

为了规范实训教学，保证学生的安全，为实训教学提供一个良好的学习环境，使实训教学有组织、有纪律、高质量地进行，特制定本规则。

2. 规则

（1）学生实训前必须将劳保用品穿戴整齐，做好准备工作准时上课。

（2）学生不得擅自离开实训岗位、实训场所。有事要请假，返回岗位时应向教师报告，进行销假，未经实训教师允许不得调换岗位和设备，更不允许乱动设备。

（3）学生必须严格遵守安全技术操作规程。

（4）认真学习，虚心接受实训老师的指导，按时按课题完成实训任务，确保实训质量，不断提高操作技能技巧。

（5）爱护公共设施和设备、工具、材料等，不准做私活，更不允许私拿公物，如丢失和损坏，按照相关制度赔偿。

（6）学生进入实训场地，不准嬉笑打闹，更不允许动用实训工具、材料打闹，要做到文明礼貌。

（7）学生在实训中要按照学校安排积极参加建校劳动和生产劳动。

（8）学生在实训场地和教室要做到"六无"，即无烟头、无碎纸、无痰迹、无饭菜、无瓜果皮核、无乱写乱画。

（9）下课前将自己所用的设备、工具、材料整理并归位，清理卫生，切断电源，经实训教师同意后方可离开实训场所。

二、实训注意事项

（1）调试底盘需要保证传感器、控制电脑等都装配正常的情况下，再对底盘进行调试。

（2）调试前连接 CAN 分析仪，大多数情况需将 CAN-H 与总线 CAN-H 相连，CAN-L 与总线 CAN-L 相连即可实现通信。

（3）CAN 设备正在主动发送数据，那么在软件界面中就会收到 CAN 数据，并且设备对应通道的 CAN 灯会闪烁。

（4）CAN 设备手动发送握手协议指令，可以打开软件之后点击发送（可发送任意数据），显示发送成功说明波特率、终端电阻等通信参数设置正确，显示发送失败说明通信未成功，用户需从多方面考虑影响通信的因素。

（5）计算 CAN 报文时，需确定编码格式采用的是 Motorola 还是 Intel，这两种编码格式不同，高低字节定义方式不同，会导致计算结果不同。

（6）调试前确保千斤顶将后轮悬空，同时保证驾驶位上有一名安全员，以免出现安全事故。

（7）发送调试协议后，只有点击了停止按钮，才能进行下一项任务。

（8）通过模式开关进行人工驾驶模式和自动驾驶模式切换，进行 CAN1 调试时需将模式开关切换至人工驾驶模式，进行 CAN2 调试时需将模式开关切换至自动驾驶模式。

注意 | 如通过 CAN1 发送调试指令是以 VCU 的身份向 EPS/EHB/MCU 发送协议，因而会干预 VCU 当前指令，为避免冲突，调试前需断开 VCU 的 CAN 总线。如通过 CAN2 发送指令时不可执行以上操作。

4.2.2 线控驱动系统调试

工作页 4-3 "线控驱动系统调试"工作页					
所在组组名			学生姓名		
完成时间	45min	技术技能等级	高	危险度等级	低

1. 任务准备

◇ 操作设备：底盘线控系统测试装调实验实训台。

◇ 工具 / 仪器：CAN 总线分析仪、调试电脑。

◇ 人员分工：组长 1 名，记录人员 2 名，检验人员 2 名，操作人员若干，以上人选角色可通过选举、抽签及教师指定等来担任，通过多个任务的训练，争取让每个学生轮流担任每个角色，最终能够提升学生自身综合能力。

◇ 实训场地：智能网联汽车线控技术实训室。

2. 任务实施

在前面讲解的线控驱动系统通信原理的基础上，对设置档位、目标车速以及解析 VCU 反馈报文进行实训。

实训 1：计算平台向 VCU 发送 CAN 报文计算

步骤一

计算平台向 VCU 发送 CAN 报文，需选择 CAN2 发送报文，帧 ID 选择 0x110，发送周期填 100（单位为 ms），发送次数填 50，波特率选择默认的 500kbit/s，帧类型选择默认的接收所有类型。

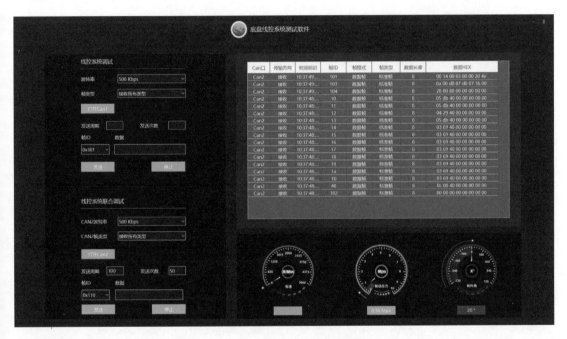

步骤二

线控系统测试，设置档位 D 档，目标车速 4.8km/h，参照表 4-5：

字节	计算	数据
Byte0	Byte0 用来设置灯光、喇叭、档位，其中灯光和喇叭在此不设置默认为关闭状态，则 bit0~bit4=00000。bit5 是计算平台向 VCU 发出的使能信号，计算平台在向 VCU 发送指令时应使 VCU 处于使能状态，则 bit5=1。bit6~bit7，用来设置档位，设置档位为 D 档，则 bit6~bit7=0x03，转换成二进制为 bit6~bit7=11，则 bit0~bit7=11100000，最后转换成十六进制为 Byte0=E0。	0xE0
Byte1	Byte1~Byte2 设置目标速度为 4.8km/h，先计算车速有效值，即 4.8÷0.1=48，转换成两字节的 16 进制数为 0x0030，由于 Byte1 为低字节，Byte2 为高字节，则 Byte1=0x30，Byte2=0x00，则 Byte1~Byte2=0x3000。	0x3000
Byte2		

（续）

字节	计算	数据
Byte3	Byte3 为预留字节，默认 Byte3=0x00。	0x00
Byte4	Byte4~Byte5 用来设置转向角度，此处不设置转向角度，则 Byte4~Byte5=0x0000。	0x0000
Byte5		
Byte6	Byte6 用来设置制动使能和制动压力请求，此处不设置制动压力，则 Byte6=0x00。	0x00
Byte7	Byte7 为预留字节，默认 Byte7=0x00。	0x00
报文	ID：0x110　数据：E030000000000000	

实训 2：VCU 向计算平台反馈的 CAN 报文计算

在调试软件上反馈回来的报文如下：

CAN 口	传输方向	时间标识	帧 ID	帧格式	帧类型	数据长度	数据 HEX
CAN2	接收	16:49:12	0x101	数据帧	标准帧	8	0D000001E803524E

通过解析报文，分析驱动系统状态，参照表 4-6：

字节	数据	解析
Byte0	0x0D	Byte0 用来反馈驾驶模式、档位、车辆状态，0x0D 换算成二进制为 00001101，得出 bit0~bit1=01，表示驾驶模式为自动模式；bit2~bit3=011=0x03，表示档位为 D 档；bit5~bit6=00，车辆状态为正常，bit7 为预留位，默认 bit7=0。
Byte1	0x0000	Byte1~Byte2 用来反馈当前转向角度，Byte1~Byte2=0x0000，表示转向角度为 0°。
Byte2		
Byte3	0x01	Byte3 用来反馈当前驱动电机的状态，Byte3=0x01 时，表示驱动电机当前处于耗电状态。
Byte4	0xE803	Byte4~Byte5 用来反馈当前车速，0xE803 进行高低字节变换后，得到当前车速的 16 进制值为 0x03E8，换算成十进制值为 1000，表示当前车速为 1000×0.1km/h=100km/h。
Byte5		
Byte6	0x524E	Byte6~Byte7 用来反馈驱动电机转矩，0x524E 进行高低字节变换，得到驱动电机转矩的 16 进制值为 0x4E52，换算成 10 进制值为 20050，数值偏移计算后为 20050-20000=50，表示当前汽车正在向前行驶，且此时驱动电机的转矩为 50×0.1N·m=5N·m。
Byte7		

通过以上解析，可知驱动系统状态为：汽车向前行驶，处于自动驾驶模式，车辆状态正常，驱动电机处于耗电状态，转矩为 5N·m，车速为 100km/h，转向角度为 0°。

3. 任务评价

完成实训任务后，对任务完成情况进行评价。

任务三　智能网联汽车线控驱动系统故障检修

任务目标

◇ 熟悉线控驱动系统的电路图。
◇ 掌握线控驱动系统部件插接器的针脚定义。
◇ 能够对线控驱动系统进行故障诊断与排除。

情境导入

在一个盛夏的中午，小王乘坐智能网联汽车去海边玩耍，车辆还未到海边，就提示电机温度过高，见此情境，小王即刻向售后服务中心打电话，车辆被拖到服务中心后，维修师傅经检查发现电机温度信号、旋变信号有问题，维修师傅是怎么检测到问题的？我们带着这个问题，来学习本任务吧。

应知应会

4.3.1　线控驱动系统电路图分析

如图 4-10 所示，线控驱动系统的工作过程为：当打开起动钥匙，VCU 控制器开始工作，当接收到行驶信号（驾驶人指令、加速踏板信号等）时，VCU 与动力电池系统（BCM）进行通信，控制动力电池的主正、主负继电器闭合，输出高压电至 MCU，同时 VCU 向 MCU 发送驱动信号，MCU 接到指令后，将驱动电机旋转，由电机温度传感器监测电机温度，由旋转变压器检测电机转速、转角，从而线控驱动系统能形成一个闭合的控制。

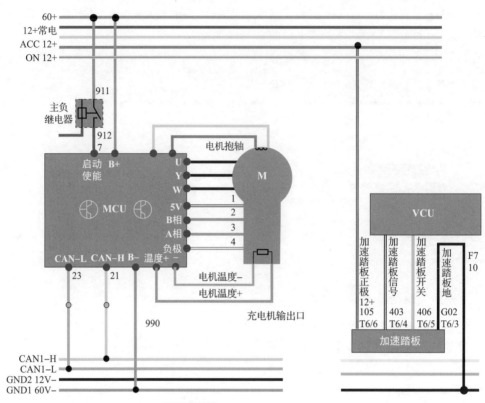

图 4-10 线控驱动系统电路图

4.3.2 线控驱动系统部件插接器针脚介绍

线控驱动系统主要插接器有旋变和抱轴端子、温度端子、高压端子、电机控制器 CAN 线和电源端子、加速踏板端子等（图 4-11），线控驱动系统各部件插接器针脚定义见表 4-9。

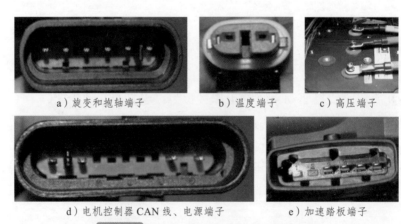

a）旋变和抱轴端子　　　　b）温度端子　　　　c）高压端子

d）电机控制器 CAN 线、电源端子　　　　e）加速踏板端子

图 4-11 线控驱动系统部件插接器实物图

表 4-9　线控驱动系统各部件插接器针脚定义

名称	针脚编号	针脚定义	针脚编号	针脚定义
旋变和抱轴端子	1	5V	2	旋变 B 相
	3	旋变 A 相	4	负极
	5	电机抱轴 +	6	电机抱轴 -
温度端子	1	温度 +	2	温度 -
高压端子	U	三相交流电 U 相	V	三相交流电 V 相
	W	三相交流电 W 相	B+	高压 60+
	B-	高压 60-	/	/
电机控制器 CAN 线和电源端子	1	CAN-L	2	CAN-H
	3	ON+	4	负极
加速踏板端子	1	/	2	/
	3	负极	4	加速踏板信号
	5	加速踏板开关	6	ACC+

技能实训

一、实训规则

1. 目的

为了规范实训教学，保证学生的安全，为实训教学提供一个良好的学习环境，使实训教学有组织、有纪律、高质量地进行，特制定本规则。

2. 规则

（1）学生实训前必须将劳保用品穿戴整齐，做好准备工作准时上课。

（2）学生不得擅自离开实训岗位、实训场所。有事要请假，返回岗位时应向教师报告，进行销假，未经实训教师允许不得调换岗位和设备，更不允许乱动设备。

（3）学生必须严格遵守安全技术操作规程。

（4）认真学习，虚心接受实训老师的指导，按时按课题完成实训任务，确保实训质量，不断提高操作技能技巧。

（5）爱护公共设施和设备、工具、材料等，不准做私活，更不允许私拿公物，如丢失和损坏，按照相关制度赔偿。

（6）学生进入实训场地，不准嬉笑打闹，更不允许动用实训工具、材料打闹，要做到文明礼貌。

（7）学生在实训中要按照学校安排积极参加建校劳动和生产劳动。

（8）学生在实训场地和教室要做到"六无"，即无烟头、无碎纸、无痰迹、无饭菜、无瓜果皮核、无乱写乱画。

（9）下课前将自己所用的设备、工具、材料整理并归位，清理卫生，切断电源，经实训教师同意后方可离开实训场所。

二、实训注意事项

（1）在操作设备前，需要外接电源的先连接电源，等开机运转至平稳再操作设备。

（2）操作设备时，不应猛按开关、暴力拆装、乱跨接测量等。

（3）在使用万用表对线控驱动系统进行故障检查时，测量档位及量程一定要选对，否则影响测量结果。

（4）在使用诊断仪测量线控驱动系统故障码和数据流时，一定要将车辆起动开关置于 ON 档或起动档状态。

三、故障检测流程

车辆送入维修厂 ➡ 问诊故障描述 ➡ 验证故障再现 ➡ 检查通信数据 ➡ 故障初步分析 ➡ 故障确定检测 ➡ 故障部件换修

4.3.3 线控驱动系统 CAN 通信故障检修

工作页 4-4 "线控驱动系统 CAN 通信故障检修"工作页					
所在组组名			学生姓名		
完成时间	45min	技术技能等级	中	危险度等级	中

操作设备说明

本书中线控驱动系统 CAN 通信故障检修任务以智能网联汽车底盘线控实验实训台为载体，开展针对线控转向、线控制动、线控驱动的实训，完成工作原理认知、通信及协议认知、装配调试与故障检测等理实一体化教学。

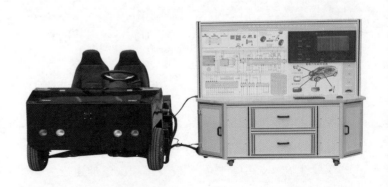

1.任务准备

❖ 操作设备：底盘线控系统测试装调实验实训台。

❖ 工具 / 仪器：万用表、示波器。

❖ 人员分工：组长 1 名，记录人员 2 名，检验人员 2 名，操作人员若干，以上人选角色可通过选举、抽签及教师指定等来担任，通过多个任务的训练，争取让每个学生轮流担任每个角色，最终能够提升学生自身综合能力。

❖ 实训场地：智能网联汽车线控技术实训室。

2.任务实施

参照以下操作步骤进行线控驱动系统故障诊断技能训练。

故障检测前防护	
步骤	图示
个人防护，维修人员需穿着高压防护手套、高压防护鞋和高压防护衣。	
实训台防护，需铺上格栅和翼子板防护。	

故障检测	
步骤	图示
第一步，故障现象 底盘线控系统测试装调实验实训台驱动电机无法起动，显示屏显示车身三级报警。	智能网联汽车线控底盘系统 当前驾驶模式：手动 当前挡位检：N挡 当前转向角度：0deg 驱动电机状态：关闭 车速：0.0km/h 车辆状态：三级报警 制动压力：0.15Mpa SOC：64%

步骤	图示

第二步，故障分析

　　根据底盘线控系统测试装调实验实训台的调试软件中报文信息显示，发现线控驱动电机控制器（MCU）输出报文的 CAN1 中 ID 0x310、0x311、0x312 同时消失，可以判断为 MCU 通信故障。

可能造成故障的原因有：
①线控驱动电机控制器（MCU）电源故障。
②线控驱动电机控制器（MCU）CAN 通信故障。
③线控驱动电机控制器（MCU）软件错误。
④线控驱动电机控制器（MCU）故障。

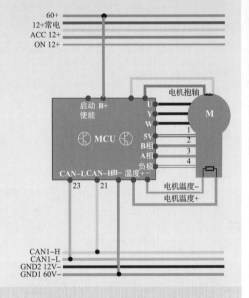

第三步，故障检测

　　由于高压系统电压为 60V 左右，电压较高无法直接测量电压，所以需要测量 MCU 高压供电 B+（60V）及搭铁 B-（60V）线路是否正常导通。

　　取下钥匙，拆卸低压蓄电池负极后，分别拆下 MCU 高压插头和动力电池高压插头。

步骤	图示
使用万用表蜂鸣档，测量 MCU 高压插头供电 B+ 和动力电池高压插头正极输出之间线束，正常为导通状态。	
使用万用表蜂鸣档，测量 MCU 高压插头搭铁 B− 和动力电池高压插头负极输出之间线束，正常为导通状态。	
分别安装 MCU 高压插头和动力电池高压插头。	
安装低压蓄电池负极，插上钥匙并置于 ON 档位。	
使用万用表电压档，红表笔接 MCU 低压插头 CAN-H21 号针脚，黑表笔接搭铁，正常测量值应为 2.55V 左右。	
使用万用表电压档，红表笔接 MCU 低压插头 CAN-L23 号针脚，黑表笔接搭铁，正常测量值应为 2.49V 左右。	

步骤	图示
若测量 MCU 的 CAN 总线、供电和搭铁都无异常，则需检查是否有 MCU 对应升级，若无，则需要更换 MCU。	
经示波器或万用表测得，MCU 低压插头 CAN-L 23 号线路存在断路故障，为线控驱动电机控制器（MCU）CAN 通信故障。	
第四步，故障修复	
维修或更换相同型号的线路，实训台恢复正常状态，故障排除，撤除防护。	

3. 任务评价

完成实训任务后，对任务完成情况进行评价。

4.3.4 整车控制器 CAN 通信故障检修

工作页 4-5 "整车控制器 CAN 通信故障检修"工作页					
所在组组名			学生姓名		
完成时间	45min	技术技能等级	中	危险度等级	中

操作设备说明

本书中整车控制器 CAN 通信故障检修任务以智能网联汽车底盘线控实验实训台为载体，开展针对线控转向、线控制动、线控驱动的实训，完成工作原理认知、通信及协议认知、装配调试与故障检测等理实一体化教学。

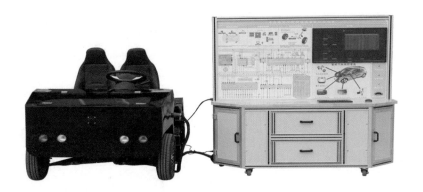

1. 任务准备

- ◇　操作设备：底盘线控系统测试装调实验实训台。
- ◇　工具 / 仪器：万用表、示波器。
- ◇　人员分工：组长 1 名，记录人员 2 名，检验人员 2 名，操作人员若干，以上人选角色可通过选举、抽签及教师指定等来担任，通过多个任务的训练，争取让每个学生轮流担任每个角色，最终能够提升学生自身综合能力。
- ◇　实训场地：智能网联汽车线控技术实训室。

2. 任务实施

参照以下操作步骤进行线控驱动系统故障诊断技能训练。

故障检测前防护	
步骤	图示
个人防护，维修人员需穿着防护手套。	
实训台防护，需铺上格栅和翼子板防护。	

故障检测	
步骤	图示

第一步，故障现象

底盘线控系统测试装调实验实训台驱动电机无法起动，显示屏显示车身三级报警。

第二步，故障分析

根据底盘线控系统测试装调实验实训台的调试软件中报文信息显示，发现 CAN1 中整车控制器（VCU）输出报文的 ID 0x703、0x314、0x301、0x364 同时消失，但发现 CAN2 中整车控制器（VCU）输出报文的 ID 0x101、0x102、0x103 仍然存在，但数据异常，可以判断为 VCU 的 CAN1 无通信。

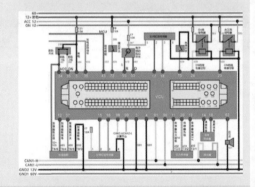

可能造成故障的原因有：
①整车控制器（VCU）CAN1 通信故障。
②整车控制器（VCU）软件错误。
③整车控制器（VCU）故障。

第三步，故障检测

取下钥匙，分别拔下 VCU 两个插头。

步骤	图示
插上钥匙并置于 ON 档位。	
使用万用表电压档，红表笔接 VCU 插头 CAN1-H91 号针脚，黑表笔接搭铁，正常测量值应为 2.55V 左右。	
使用万用表电压档，红表笔接 VCU 插头 CAN1-L90 号针脚，黑表笔接搭铁，正常测量值应为 2.48V 左右。	
若测量 VCU 的 CAN1 总线无异常，则需检查是否有 VCU 对应升级，若无，则需要更换 VCU。	
经示波器或万用表测得，VCU 插头 CAN-H91 号线路存在断路故障，为整车控制器（VCU）CAN 通信故障。	

步骤	图示
第四步，故障修复 维修或更换相同型号的线路，实训台恢复正常状态，故障排除，撤除防护。	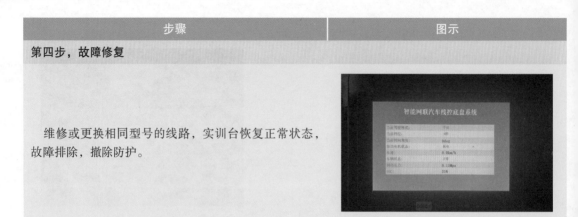

3. 任务评价

完成实训任务后，对任务完成情况进行评价。

4.3.5 线控驱动电机温度传感器故障检修

工作页 4-6 "线控驱动电机温度传感器故障检修"工作页				
所在组组名			学生姓名	
完成时间	45min	技术技能等级	中	危险度等级 中

操作设备说明

本书中线控驱动电机温度传感器故障检修任务以智能网联汽车底盘线控实验实训台为载体，开展针对线控转向、线控制动、线控驱动的实训，完成工作原理认知、通信及协议认知、装配调试与故障检测等理实一体化教学。

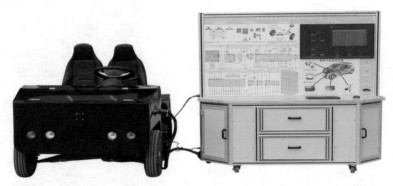

1. 任务准备

◇ 操作设备：底盘线控系统测试装调实验实训台。

◇ 工具 / 仪器：万用表。

◇ 人员分工：组长 1 名，记录人员 2 名，检验人员 2 名，操作人员若干，以上人选角色可通过选举、抽签及教师指定等来担任，通过多个任务的训练，争取让每个学生轮流担任每个角色，最终能够提升学生自身综合能力。

◇　实训场地：智能网联汽车线控技术实训室。

2. 任务实施

参照以下操作步骤进行线控驱动系统故障诊断技能训练。

故障检测前防护	
步骤	图示
个人防护，维修人员需穿着防护手套。	
实训台防护，需铺上格栅和翼子板防护。	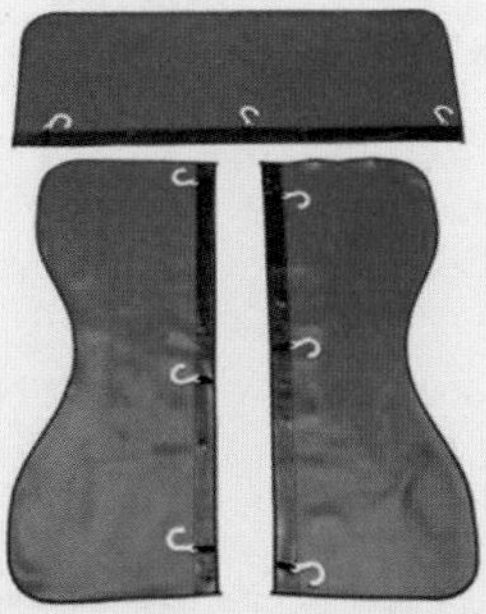

故障检测	
步骤	图示
第一步，故障现象	
底盘线控系统测试装调实验实训台驱动电机无法起动。	

步骤	图示

第二步，故障分析

根据底盘线控系统测试装调实验实训台的调试软件中报文信息显示，发现线控驱动电机控制器（MCU）输出报文的 CAN1 中 ID 0x310 电机温度传感器部分异常，可以判断为电机温度传感器相关故障。

可能造成故障的原因有：
①电机温度传感器故障。
②电机温度传感器线路故障。
③线控驱动电机控制器（MCU）软件错误。
④线控驱动电机控制器（MCU）故障。

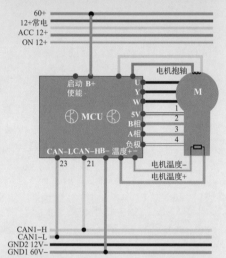

第三步，故障检测

取下钥匙，拔下电机温度传感器插头。插上钥匙并置于 ON 档位。

使用万用表电压档，测量电机温度传感器信号电压，两个表笔分别接 MCU 温度端子（背部），常温状态下，测量值应为 2.1V 左右。

步骤	图示
将起动钥匙置于 OFF 档。	
使用万用表蜂鸣档，测量电机温度传感器电阻，常温状态下，正常测量值应为 21kΩ。	
若测量 MCU 和电机温度传感器之间线束正常，电机温度传感器正常，则需检查是否有 MCU 对应升级，若无，则需要更换 MCU。	
经万用表测得，电机温度传感器电阻无穷大，为电机温度传感器故障。	

步骤	图示
第四步，故障修复	
更换驱动电机，实训台恢复正常状态，故障排除，撤除防护。	

3. 任务评价

完成实训任务后，对任务完成情况进行评价。

项目 5　智能网联汽车线控悬架系统认知

　　随着人们对车辆乘坐舒适性、安全性、稳定性要求的提高和我国汽车悬架技术的发展，线控悬架在汽车上的应用日益广泛。传统的汽车悬架是不可调整的，在行车中车身高度的变化取决于弹簧的变形。因此，在汽车的行驶过程中出现的制动、转弯、车载重量的变化等情况，会影响到人们的乘坐舒适性、操纵稳定性和货物的完好率。线控悬架引入ECU、传感器等，能根据路面情况自动调节减振器刚度和阻尼，进而可获得更好的行驶舒适性，如图 5-1 所示。

图 5-1　智能网联汽车线控悬架系统

项目目标

知识目标

◇ 线控悬架系统的定义。

◇ 线控悬架系统的分类与结构。

◇ 线控悬架系统的工作原理。

◇ 线控悬架系统的特点。

素养目标

◇ 能够自觉遵守法律、法规以及技术标准规定。

◇ 能够和同学及教学人员建立良好的合作关系。

任务一　线控悬架系统定义

　　汽车悬架系统就是指由车身与轮胎间的弹簧和减振器组成的整个支持系统，能根据车辆的运行状况和路面情况做出反应，抑制车身的各种振动，使悬架始终处于最佳减振状态。悬架系统应有的功能是支持车身，改善乘坐的感觉，不同的悬架设置会使驾驶者有不同的驾驶感受。

　　在汽车行驶过程中，由于路面的不平整或者汽车自身运动状态的改变，会使汽车表现出各种运动形态，包括车身的垂直振动（路面不平）、俯仰运动（加速、制动）和侧倾运动（转向）等，如图 5-2 所示。

底盘线控悬架系统介绍

a）路面不平时的垂直振动

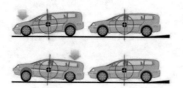

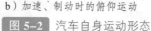

b）加速、制动时的俯仰运动

c）转向时的侧倾运动

图 5-2　汽车自身运动形态

综合汽车会出现的各种运动形态，对悬架系统有如下几点要求：

① 具有足够的强度。

② 具有适当的弹簧刚度，且能根据载荷的变化而变化。

③ 具有足够的侧倾刚度。

④ 具有良好的吸振功能（阻尼力可调节）。

⑤ 能够保证车轮正确的定位参数。

目前，汽车对汽车悬架系统的参数包括车身高度、悬架弹簧刚度、减振器阻尼以及侧倾刚度的控制，都已得到实现，具体如下：

① 以改善坏路行驶能力和高速操纵稳定性为目的的车身高度控制。

② 以改善舒适性和操纵稳定性为目的的减振器阻尼控制。

③ 以改善舒适性和操纵稳定性为目的的弹簧刚度控制。

④ 以改善操纵稳定性为目的的侧倾刚度控制。

传统悬架系统结构（图 5-3）一经确定，悬架的性能参数随即固定，它的悬架弹簧和阻尼器特性受到外部激励时，只能被动地做出反应，行驶的平顺性和操纵稳定性不能随行驶条件和运行状况的变化而变化。而线控悬架（图 5-4）可依据车辆的实时运动情况和外界干扰输入，自主调节悬架系统的性能参数，进而调整车身的运动姿态。例如，汽车在直线行驶且车速稳定时，具有良好的平顺性，在转向或制动时，具有良好的操纵稳定性。

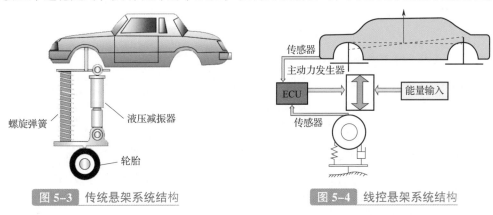

图 5-3　传统悬架系统结构　　　　图 5-4　线控悬架系统结构

任务二　线控悬架系统分类与结构

5.2.1　线控悬架系统分类

线控悬架系统根据工作原理可以分为空气式、液压式、电磁式等，如图 5-5 所示。其中，空气式悬架系统是通过改变各空气弹簧中压缩空气的压力和体积来改变汽车减振系统的软硬和车身高度。液压式悬架系统根据车辆行驶速度、车身振动、车轮跳动以及倾斜状态等信号，调节四个执行液压缸中液压油的量，以实现对减振器软硬程度及车身高度的调整。电磁式悬架系统是通过改变电流来改变电磁场的强度，进而达到控制阻尼系数的目的。

a）空气式　　　　　　　b）液压式　　　　　　　c）电磁式

图 5-5　线控悬架系统分类

5.2.2　线控悬架系统结构

线控悬架系统主要由模式选择开关、传感器、ECU 和执行器组成，如图 5-6 所示。

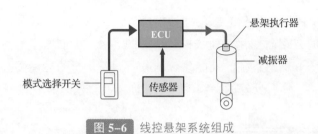

图 5-6　线控悬架系统组成

其中，模式选择开关的功能是驾驶人根据汽车的行驶状况和路面情况选择悬架的运行模式，从而决定减振器的阻尼力大小。如某汽车的电控空气悬架系统设置了 3 种模式选择开关——工作模式选择开关、车身高度选择开关和空气悬架启用开关，由操作者手动选择。

传感器主要包括车身加速度传感器、车身位移传感器、车速传感器、转向盘转角传感器、制动压力开关、制动灯开关、节气门位置传感器，以及门控制开关等。其中，车身加速度传感器检测车身振动，间接的反映行驶的路面状况和车身横向运动状况；车身位移传感器检测车身与车桥的相对位移，反映车身的平顺性和车身高度；车速传感器检测车轮速度，反映车速，计算车身的侧倾量；转向盘转角传感器检测转向盘转角，计算车身侧倾量；制动压力开关检测制动管路压力，判断汽车制动情况；制动灯开关检测制动灯电路通断，判断汽车制动状况；节气门位置传感器检测节气门开度，反映汽车加速状况；门控制开关检测门控灯电路通断，判断成员状况。

执行器根据 ECU 的控制信号，准确、快速和及时地做出动作反应，实现对弹簧刚度、减振器阻尼或者车身高度的调节。

任务三　线控悬架系统工作原理

线控悬架系统工作原理如图 5-7 所示，当汽车在道路上行驶时，传感器将道路状况和汽车的速度、加速度、转向、制动等工况的电信号传递给 ECU，ECU 对传感器发送的电信号进行综合处理，输出控制信号到执行器，进而调整减振器阻尼系数、控制弹性元件刚度和车身高度。

其中对于车身高度的控制，可根据车内乘员人数或汽车装载情况自动调节车身高度，以保持车身具有稳定的行驶姿态。典型的车身高度控制有以下几种。

（1）停车水平控制

停车后，当车上载荷减少而车身上抬时，控制系统能自动地降低车身高度，以减少悬架系统的负荷，改善汽车外观形象。

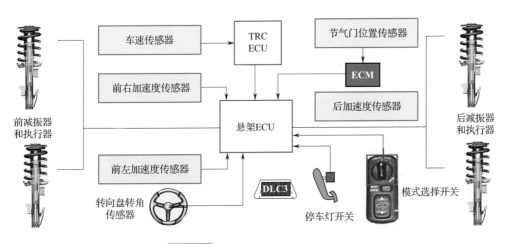

图 5-7 线控悬架系统工作原理

（2）特殊行驶工况高度控制

当汽车高速行驶时，主动降低车身高度，以改善行车的操作稳定性；汽车行驶于起伏不平度较大的路面时，主动升高车身高度，避免与地面或悬架磕碰。

（3）自动水平控制

车身高度不受载荷影响，保持基本恒定。姿态水平，使乘坐更加平稳，前照灯光束方向保持不变，提高行车安全性。

任务四　线控悬架系统特点

线控空气悬架可以在不同的工况下，具有不同的弹簧刚度和减振器阻尼力，既能满足平顺性的要求，又能满足操纵稳定性的要求。其优点具体如下：

1）刚度可调，可改善汽车转弯时出现的侧倾以及制动和加速等引起的车身点头和后坐等问题。

2）汽车载荷变化时，能自动维持车身高度不变。

3）碰到障碍物时，能瞬时提高底盘和车轮、越过障碍，使汽车的通过性得到提高。

4）使车轮与地面保持良好的接触，提高车轮与地面的附着力，加速制动过程，缩短制动距离，增加汽车抵抗侧滑的能力。

尽管线控空气悬架系统有诸多优点，但其结构也决定了其不可避免的缺点：结构复杂、故障的概率和频率远远高于传统悬架系统。由于线控悬架系统控制单元要接收每一个车轮悬架传感器的数据，优化处理算法难度非常大，调节不好就会适得其反。

附录 "智能网联汽车底盘线控系统装调与检修"课程

理实一体化教室布局图

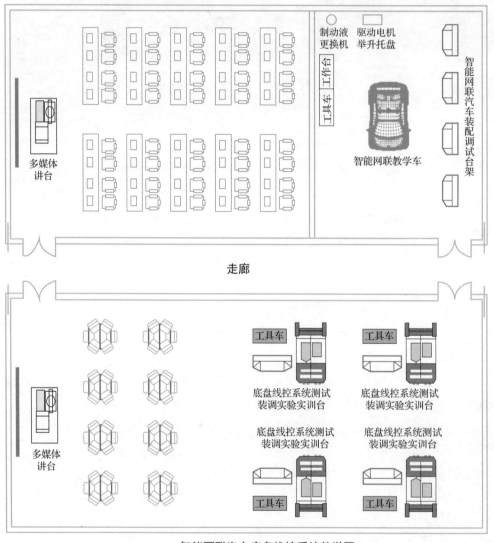

参 考 文 献

［1］ 李妙然，邹德伟. 智能网联汽车技术概论 [M]. 北京：机械工业出版社，2019.

［2］ 林程. 电动汽车工程手册：第一卷 纯电动汽车整车设计 [M]. 北京：机械工业出版社，2019.

［3］ 于蕾艳. 汽车线控技术 [M]. 北京：中国石油大学出版社，2013.

［4］ 赵振宁. 汽车底盘构造、原理与检修：汽车行驶与操纵系统 [M]. 北京：北京理工大学出版社，
　　 2015.

［5］ 文定凤，杨长忠. 汽车底盘构造与维修 [M]. 北京：机械工业出版社，2018.

［6］ 牛本宽，牛宾强，王秀艳. 解析汽车线控转向技术 [J]. 汽车维修与保养，2015（9）：96-97.

［7］ 孟永刚，罗来军，罗毅，等. 线控转向技术在国内外汽车领域的应用简介 [J]. 汽车零部件，2017
　　（11）：75-79.

［8］ 韩艺斐，齐浩男，王金来，等. 汽车转向系统发展史及未来展望 [J]. 时代汽车，2019（11）：
　　 97-98.

［9］ 冯严科. 汽车线控四轮转向系统的研究 [D]. 兰州：兰州理工大学，2010.

［10］高志起. 汽车线控制动系统工作原理及其关键技术分析 [J]. 百科论坛电子杂志，2019（3）：743.

［11］林逸，沈沉，王军，等. 汽车线控制动技术及发展 [J]. 汽车技术，2005（12）：1-3,43.

［12］汪洋，翁建生，张斌. 车辆 EMB 制动系统发展简介 [J]. 轻型汽车技术，2006（3）：27-30.

［13］杨万庆. 电子液压制动系统（EHB）发展现状 [J]. 汽车与配件，2007（25）：41-43.

［14］DORISSEN H T, DÜRKOPP K.Mechatronics and drive-by-wire systems advanced non-contacting position
　　 sensors[J]. Control Engineering Practice，2003（1）：191-197.

［15］车成通. 浅析汽车悬架系统 [J]. 课程教育研究，2015（15）：7-8.